COSMOTERAPIA

A CURA DOS MALES HUMANOS PELA CONSCIÊNCIA CÓSMICA

Huberto Rohden

TEXTO INTEGRAL

O TEXTO DESTE LIVRO ESTÁ CONFORME O ACORDO ORTOGRÁFICO DA LÍNGUA PORTUGUESA (1990)

Dados Internacionais de Catalogação na Publicação (CIP)
(Câmara Brasileira do Livro, SP, Brasil)

Rohden, Huberto, 1893-1981.
Cosmoterapia : a cura dos males humanos pela consciência cósmica / Huberto Rohden. -- 4. ed. -- São Paulo : Martin Claret, 2009. -- (Coleção a obra-prima de cada autor ; 302)

"Texto integral"
ISBN 978-85-7232-789-3

1. Auto-realização 2. Consciência 3. Cura pelo espírito 4. Espiritualismo (Filosofia). I. Título. II. Série.

09-06679 CDD-291.4

Índices para catálogo sistemático:

1. Cosmoterapia : Cura de males humanos pela consciência cósmica : Espiritualidade : Religião 291.4

COLEÇÃO A OBRA-PRIMA DE CADA AUTOR

COSMOTERAPIA

A CURA DOS MALES HUMANOS PELA CONSCIÊNCIA CÓSMICA

Huberto Rohden

TEXTO INTEGRAL

MARTIN CLARET

CRÉDITOS

IDEALIZAÇÃO E COORDENAÇÃO
Martin Claret

ASSISTENTE EDITORIAL
Rosana Gilioli Citino

CAPA
Ilustração
Marcellin Talbot

MIOLO
Revisão
Lucia Brandão

Projeto Gráfico
José Duarte T. de Castro

Direção de Arte
José Duarte T. de Castro

Editoração Eletrônica
Editora Martin Claret

Papel
Off-Set, 70g/m²

Impressão e Acabamento
Paulus Gráfica

Editora Martin Claret Ltda. – Rua Alegrete, 62 – Bairro Sumaré
CEP: 01254-010 – São Paulo – SP
Tel.: (11) 3672-8144 – Fax: (11) 3673-7146

www.martinclaret.com.br / editorial@martinclaret.com.br

Agradecemos a todos os nossos amigos e colaboradores — pessoas físicas e jurídicas — que deram as condições para que fosse possível a publicação deste livro.

1ª REIMPRESSÃO – 2011

A história do livro e a coleção "A Obra-Prima de Cada Autor"

MARTIN CLARET

Que é o livro? Para fins estatísticos, na década de 1960, a UNESCO considerou o livro "uma publicação impressa, não periódica, que consta de no mínimo 56 páginas, sem contar as capas".

O livro é um produto industrial.

Mas também é mais do que um simples produto. O primeiro conceito que deveríamos reter é o de que o livro como objeto é o veículo, o suporte de uma informação. O livro é uma das mais revolucionárias invenções do homem.

A *Enciclopédia Abril* (1972), publicada pelo editor e empresário Victor Civita, no verbete "livro" traz concisas e importantes informações sobre a história do livro. A seguir, transcrevemos alguns tópicos desse estudo didático.

O livro na Antiguidade

Antes mesmo que o homem pensasse em utilizar determinados materiais para escrever (como, por exemplo, fibras vegetais e tecidos), as bibliotecas da Antiguidade estavam repletas de textos gravados em tabuinhas de barro cozido. Eram os primeiros "livros", depois progressivamente modificados até chegarem a ser feitos — em grandes tiragens — em papel impresso mecanicamente, proporcionando facilidade de leitura e transporte. Com eles, tornou-se possível, em todas as épocas, transmitir fatos, acontecimentos históricos, descobertas, tratados, códigos ou apenas entretenimento.

Como sua fabricação, a função do livro sofreu enormes modificações dentro das mais diversas sociedades, a ponto de constituir uma mercadoria especial, com técnica, intenção e utilização determinadas. No moderno movimento editorial das chamadas sociedades de consumo, o livro pode ser considerado uma mercadoria cultural, com maior ou menor significado no contexto socioeconômico em que é publicado. Enquanto mercadoria, pode ser comprado, vendido ou trocado. Isso não ocorre, porém, com sua função intrínseca, insubstituível: pode-se dizer que o livro é essencialmente um instrumento cultural de difusão de ideias, transmissão de conceitos, documentação (inclusive fotográfica e iconográfica), entretenimento ou ainda de condensação e acumulação do conhecimento. A palavra escrita venceu o tempo, e o livro conquistou o espaço. Teoricamente, toda a humanidade pode ser atingida por textos que difundem ideias que vão de Sócrates e Horácio a Sartre e McLuhan, de Adolf Hitler a Karl Marx.

Espelho da sociedade

A história do livro confunde-se, em muitos aspectos, com a história da humanidade. Sempre que escolhem frases e temas, e transmitem ideias e conceitos, os escritores estão elegendo o que consideram significativo no momento histórico e cultural que vivem. E, assim, fornecem dados para a análise de sua sociedade. O conteúdo de um livro — aceito, discutido ou refutado socialmente — integra a estrutura intelectual dos grupos sociais.

Nos primeiros tempos, o escritor geralmente vivia em contato direto com seu público, que era formado por uns poucos letrados, já cientes das opiniões, ideias, imaginação e teses do autor, pela própria convivência que tinham com ele. Muitas vezes, mesmo antes de ser redigido o texto, as ideias nele contidas já haviam sido intensamente discutidas pelo escritor e parte de seus leitores. Nessa época, como em várias outras, não se pensava na enorme porcentagem de analfabetos. Até o século XV, o livro servia exclusivamente a uma pequena minoria de sábios e estudiosos que constituíam os círculos intelectuais (confinados aos mosteiros durante o começo da Idade Média) e que tinham acesso às bibliotecas, cheias de manuscritos ricamente ilustrados.

Com o reflorescimento comercial europeu, nos fins do século XIV, burgueses e comerciantes passaram a integrar o mercado livreiro da época. A erudição laicizou-se e o número de escritores aumentou, surgindo também as primeiras obras escritas em línguas que não o latim e o grego (reservadas aos textos clássicos e aos assuntos considerados dignos de atenção). Nos séculos XVI e XVII, surgiram diversas literaturas nacionais, demonstrando, além do florescimento intelectual da época, que a população letrada dos países europeus estava mais capacitada a adquirir obras escritas.

Cultura e comércio

Com o desenvolvimento do sistema de impressão de Gutenberg, a Europa conseguiu dinamizar a fabricação de livros, imprimindo, em cinquenta anos, cerca de 20 milhões de exemplares para uma população de quase 10 milhões de habitantes, cuja maioria era analfabeta. Para a época, isso significou enorme revolução, demonstrando que a imprensa só se tornou uma realidade diante da necessidade social de ler mais.

Impressos em papel, feitos em cadernos costurados e posteriormente encapados, os livros tornaram-se empreendimento cultural e comercial: os editores passaram logo a se preocupar com melhor apresentação e redução de preços. Tudo isso levou à comercialização do livro. E os livreiros baseavam-se no gosto do público para imprimir, principalmente obras religiosas, novelas, coleções de anedotas, manuais técnicos e receitas.

Mas a porcentagem de leitores não cresceu na mesma proporção que a expansão demográfica mundial. Somente com as modificações socioculturais e econômicas do século XIX — quando o livro começou a ser utilizado também como meio de divulgação dessas modificações e o conhecimento passou a significar uma conquista para o homem, que, segundo se acreditava, poderia ascender socialmente se lesse — houve um relativo aumento no número de leitores, sobretudo na França e na Inglaterra, onde alguns editores passaram a produzir obras completas de autores famosos, a preços baixos. O livro era então interpretado como símbolo de liberdade, conseguida por conquistas culturais. Entretanto, na maioria dos países, não houve nenhuma grande modificação nos índices porcentuais até o fim da Primeira Guerra Mundial (1914/18), quando surgiram as primeiras grandes tiragens de um só livro, principalmente romances, novelas e textos didáticos. O número elevado de cópias, além de baratear o preço da unidade, difundiu ainda mais a literatura. Mesmo assim, a maior parte da população de muitos países continuou distanciada, em parte porque o livro, em si, tinha sido durante muitos séculos considerado objeto raro, atingível somente por um pequeno número de eruditos. A grande massa da população mostrou maior receptividade aos jornais, periódicos e folhetins, mais dinâmicos e atualizados, e acessíveis ao poder aquisitivo da grande maioria. Mas isso não chegou a ameaçar o livro como símbolo cultural de difusão de ideias, como fariam, mais tarde, o rádio, o cinema e a televisão.

O advento das técnicas eletrônicas, o aperfeiçoamento dos métodos fotográficos e a pesquisa de materiais praticamente imperecíveis fazem alguns teóricos da comunicação de massa pensarem em um futuro sem os livros tradicionais (com seu formato quadrado ou retangular, composto de folhas de papel, unidas umas às outras por um dos lados). Seu conteúdo e suas mensagens (racionais ou emocionais) seriam transmitidos por outros meios, como por exemplo microfilmes e fitas gravadas.

A televisão transformaria o mundo todo em uma grande "aldeia" (como afirmou Marshall McLuhan), no momento em que todas as sociedades decretassem sua prioridade em relação aos textos escritos. Mas a palavra escrita dificilmente deixaria de ser considerada uma das mais importantes heranças culturais, entre todos os povos.

Através de toda a sua evolução, o livro sempre pôde ser visto como objeto cultural (manuseável, com forma entendida e interpretada em função de valores plásticos) e símbolo cultural (dotado de conteúdo, entendido e interpretado em função de valores semânticos). As duas maneiras podem fundir-se no pensamento coletivo, como um conjunto orgânico (onde texto e arte se completam, por exemplo, em um livro de arte) ou apenas como um conjunto textual (onde a mensagem escrita vem em primeiro lugar — em um livro de matemática, por exemplo).

A mensagem (racional, prática ou emocional) de um livro é sempre intelectual e pode ser revivida a cada momento. O conteúdo, estático em si, dinamiza-se em função da assimilação das palavras pelo leitor, que pode discuti-las, reafirmá-las, negá-las ou transformá-las. Por isso, o livro pode ser considerado instrumento cultural capaz de liberar informação, sons, imagens, sentimentos e ideias através do tempo e do espaço. A quantidade e a qualidade de ideias colocadas em um texto podem ser aceitas por uma sociedade, ou por ela negadas, quando entram em choque com conceitos ou normas culturalmente admitidos.

Nas sociedades modernas, em que a classe média tende a considerar o livro como sinal de *status* e cultura (erudição), os compradores utilizam-no como símbolo mesmo, desvirtuando suas funções ao transformá-lo em livro-objeto. Mas o livro é, antes de tudo, funcional — seu conteúdo é que lhe dá valor (os livros de ciências, filosofia, religião, artes, história e geografia, que representam cerca de 75% dos títulos publicados anualmente em todo o mundo).

O mundo lê mais

No século XX, o consumo e a produção de livros aumentaram progressivamente. Lançado logo após a Segunda Guerra Mundial (1939/45), quando uma das características principais da edição de um livro eram as capas entreteladas ou cartonadas, o livro de bolso constituiu um grande êxito comercial. As obras — sobretudo *best sellers* publicados algum tempo antes em edições de luxo — passaram a ser impressas em rotativas, como as revistas, e distribuídas nas bancas de jornal. Como as tiragens elevadas permitiam preços muito baixos, essas edições de bolso popularizaram-se e ganharam importância em todo o mundo.

Até 1950, existiam somente livros de bolso destinados a pessoas de baixo poder aquisitivo; a partir de 1955, desenvolveu-se a categoria do livro de bolso "de luxo". As características principais destes últimos eram a abundância de coleções — em 1964 havia mais de duzentas, nos Estados Unidos — e a variedade de títulos, endereçados a um público intelectualmente mais refinado. A essa diversificação das categorias adiciona-se a dos pontos de venda, que passaram a abranger, além das bancas de jornal, farmácias, lojas, livrarias, etc. Assim, nos Estados Unidos, o número de títulos publicados em edições de bolso chegou a 35 mil em 1969, representando quase 35% do total dos títulos editados.

Proposta da coleção "A Obra-Prima de Cada Autor"

"Coleção" é uma palavra há muito tempo dicionarizada e define o conjunto ou reunião de objetos da mesma natureza ou que têm alguma relação entre si. Em um sentido editorial, significa o conjunto não limitado de obras de autores diversos, publicado por uma mesma editora, sob um título geral indicativo de assunto ou área, para atendimento de segmentos definidos do mercado.

A coleção "A Obra-Prima de Cada Autor" corresponde plenamente à definição acima mencionada. Nosso principal objetivo é oferecer, em formato de bolso, a obra mais importante de cada autor, satisfazendo o leitor que procura qualidade.*

Desde os tempos mais remotos existiram coleções de livros. Em Nínive, em Pérgamo e na Anatólia existiam coleções de obras literárias de grande importância cultural. Mas nenhuma delas superou a célebre biblioteca de Alexandria, incendiada em 48 a.C. pelas legiões de Júlio César, quando estas arrasaram a cidade.

A coleção "A Obra-Prima de Cada Autor" é uma série de livros a ser composta por mais de 400 volumes, em formato de bolso, com preço altamente competitivo, e pode ser encontrada em centenas de pontos de venda. O critério de seleção dos títulos foi o já estabelecido pela tradição e pela crítica especializada. Em sua maioria, são obras de ficção e filosofia, embora possa haver textos sobre religião, poesia, política, psicologia e obras de autoajuda. Inauguram a coleção quatro textos clássicos: *Dom Casmurro*, de Machado de Assis; *O Príncipe*, de Maquiavel; *Mensagem*, de Fernando Pessoa; e *O lobo do mar*, de Jack London.

Nossa proposta é fazer uma coleção quantitativamente aberta. A periodicidade é mensal. Editorialmente, sentimo-nos orgulhosos de poder oferecer a coleção "A Obra-Prima de Cada Autor" aos leitores brasileiros. Nós acreditamos na função do livro.

---

* Atendendo a sugestões de leitores, livreiros e professores, a partir de certo número da coleção começamos a publicar, de alguns autores, outras obras além da sua obra-prima.

Advertência

A substituição da tradicional palavra latina *crear* pelo neologismo moderno *criar* é aceitável em nível de cultura primária, porque favorece a alfabetização e dispensa esforço mental — mas não é aceitável em nível de cultura superior, porque deturpa o pensamento.

Crear é a manifestação da Essência em forma de existência — *criar* é a transição de uma existência para outra existência.

O Poder Infinito é o *creador* do Universo — um fazendeiro é um *criador* de gado.

Há entre os homens gênios *creadores*, embora não sejam talvez *criadores*.

A conhecida lei de Lavoisier diz que "na natureza nada se *crea* nada se aniquila, tudo se transforma"; se grafarmos "nada se *crea*", esta lei está certa, mas se escrevemos "nada se *cria*", ela resulta totalmente falsa.

Por isto, preferimos a verdade e a clareza do pensamento a quaisquer convenções acadêmicas.

Explicações Necessárias (Para 1ª Edição)

MARTIN CLARET

Na condição de editor e legatário universal da obra literária de Huberto Rohden, sentimo-nos no dever de vir explicar e justificar, aos nossos amigos e leitores, por que somente agora vem a público este revolucionário livro, de sua autoria, escrito há mais de 20 anos.

Em 1965 o professor Rohden, que conhecia muito bem a língua alemã, começou a ter contacto com a obra do Dr. Victor E. Frankl, autor de vários livros, Presidente da Policlínica Neurológica da Universidade de Viena e criador da Logoterapia. Rohden entrara em contacto com o Dr. Frankl e aguardava uma visita do criador da Logoterapia ao Brasil, o que afinal acabou não acontecendo, enquanto Rohden ainda vivia. Era projeto do professor Rohden traduzir para o português toda a obra do Dr. Victor E. Frankl.

Anteriormente Rohden havia traduzido e comentado o extraordinário livro *A arte de curar pelo espírito*, de autoria de Joel Sol Goldsmith, um curador e místico norte-americano. Rohden afirmava que ambos os terapeutas — Frankl e Goldsmith — usavam o mesmo princípio curador no homem, ou seja, toda cura é uma autocura. Curamos nossas doenças humanas pela consciência cósmica imanente em nós. Rohden havia constatado uma evidência científica e filosófica: a maior das terapias é a Cosmoterapia.

Rohden, que havia feito profundos mergulhos nos maiores livros espirituais da Humanidade — ele traduziu e comentou o *Novo Testamento*, baseado no texto grego do primeiro século; a *Bhagavad Gita*, o livro sagrado da Índia; o Tao Te King, de Lao-tse, o livro máximo dos chineses; e escrevera vários trabalhos sobre autoconhecimento e autorrealização —, estava amadurecido para escrever este seu livro definitivo: *Cosmoterapia – a cura dos males humanos pela consciência cósmica*. Uma obra-prima da literatura espiritual.

Quando o original recebeu a redação definitiva, sugerimos ao professor Rohden que enviasse o texto ao Dr. Victor E. Frankl, pedindo-lhe que escrevesse um prefácio para a obra. Foi feita a remessa da cópia do original, mas, por um estranho "acaso", o material remetido nunca chegou às mãos do destinatário.

Mais tarde, insistimos com o professor Rohden para editar a obra, mesmo sem o prefácio do Dr. Frankl. Rohden respondeu-nos, aproximadamente, com estas concisas palavras: "Vamos aguardar o momento certo para a publicação. Temos que ser cosmo-pensados e cosmo-pensantes. A hora certa será cosmo-determinada". E o assunto ficou encerrado.

No decorrer dos anos acabamos editando muitos outros livros do professor Rohden e inexplicavelmente nos esquecemos deste importante manuscrito de autoria do nosso principal editando.

Recentemente, revendo caixas com antigas pastas de material escrito e de uso pessoal de Rohden, acabamos "encontrando" os originais do livro. Depois de ler e reler as folhas amarelecidas do velho manuscrito, pensamos: o momento para a publicação do livro chegou.

O livro sai, agora, enriquecido de um apaixonado prefácio, escrito pelo neurocirurgião Raul Marino, aluno, grande amigo e estudioso da obra de Rohden.

Em 1972, o Dr. Raul Marino promoveu, destinada a médicos e professores, uma conferência sobre Cosmoterapia, proferida por Rohden, no Hospital das Clínicas, de São Paulo.

Acreditamos que qualitativamente este texto seja um dos mais importantes escritos de Rohden. É uma obra inspirada e de plenitude intelectual. É uma poderosa orientação para o homem moderno descobrir em si mesmo a infinita fonte da Vida. Autorrealização pelo autoconhecimento.

"O reino de Deus está dentro de vós."

Introdução

DR. RAUL MARINO JR.

Este não é apenas mais um livro de Rohden. Trata-se de obra inédita, publicada postumamente, de um dos maiores pensadores cristãos do Brasil, autor de cerca de uma centena de trabalhos publicados. Seu editor explica, na introdução, as felizes circunstâncias que trouxeram à luz mais esta obra incomum de Huberto Rohden.

Tivemos oportunidade de conviver com esse filósofo e educador durante vários anos, tendo a felicidade de beber na fonte um pouco de sua sabedoria, muito de sua filosofia e muitíssimo de suas vivências, transmitidas através de cursos, retiros espirituais e de suas publicações.

Devido à complexidade do conteúdo, este é um livro mais difícil que os anteriores. O leitor deverá estar familiarizado com os neologismos criados pelo filósofo, conhecer os conceitos da sua Filosofia Univérsica, e saber relacionar alguns termos da filosofia da Índia com as narrativas do *Novo Testamento*.

Neste volume Rohden traça o panorama da Medicina do Terceiro Milênio. Não uma panacéia para as doenças incuráveis, mas a profilaxia dos grandes males físicos e espirituais que afligem a humanidade de hoje — a harmonia do microcosmo do homem com o macrocosmo do universo.

No início do livro Rohden conduz e reintroduz o leitor aos conceitos básicos da Filosofia Univérsica e a seguir envereda pelos caminhos do que batizou como *Cosmoterapia*: a libertação ou cura dos males do homem pela consciência cósmica. Aqui Rohden dá um passo além da Logoterapia criada por Victor Frankl, o famoso psiquiatra-neurólogo do após-guerra. Frankl, fundador da chamada terceira escola da Psicoterapia vienense, sucedendo Freud e Adler, concebeu essa nova corrente de pensamento psiquiátrico, enquanto prisioneiro dos campos de concentração e desumanização de Auschwitz e Dachau. Iniciou esse autor a humanização da Psiquiatria por meio da Logoterapia — *lógos*, tomado do grego para representar *significado*, *sentido*, *propósito*, isto é, a procura que o homem deve fazer de um significado para sua vida como força motivacional primária para sua existência. Frankl fala de uma *vontade de significado* em contraposição à *vontade de prazer* da psicanálise freudiana, e da *vontade de poder* da psicologia adleriana. Demonstrou também Frankl que o homem é capaz de viver, de preservar sua vida, ou até de morrer, apenas para salvar seus ideais e seus valores espirituais. Segundo ele, sobreviver às mais severas vicissitudes e doenças depende apenas de o homem encontrar um significado no seu sofrimento. Observou, nos campos de concentração, que os que perdiam o sentido ou significado de suas existências eram os que passivamente se deixavam matar e adoeciam naqueles locais de extermínio, enquanto que aqueles que aspiravam por uma existência melhor, ou pela autorrealização, sobreviviam ao massacre, como ele próprio.

Frankl, em sua recém-criada Logoterapia, ousa entrar, por meio da Medicina, na dimensão espiritual da existência humana, dimensão essa tão esquecida pela Medicina impessoal de hoje em dia. O vácuo existencial e o fastio da vida, segundo esse autor, são tão nocivos quanto o estresse, e podem ser curados quando o homem é ajudado a encontrar um verdadeiro significado para sua existência.

Frankl, e agora Rohden, fazem com que nos perguntemos qual é o sentido mais alto de nossas vidas, de nossa vocação, de nossa missão nesta existência? Somente a consciência dessa responsabilidade — nas ações, na experiência dos valores elevados, no sofrimento compreendido e no amor é que permitirão ao homem sua realização e a prevenção dos males que sempre o atormentaram. O médico do futuro ver-se-á confrontado mais com questões filosóficas — o que é a vida? o que é o sofrimento? — do que com conflitos emocionais.

Rohden e Frankl demonstram que o homem é mais que sua psique, e que a psicoterapia convencional reflete não somente uma filosofia niilista, mas também transmite ao paciente uma caricatura ao invés de uma verdadeira imagem do homem. Só uma Medicina humanizada e espiritualizada poderá prevenir os males que afligem a mente e o físico do homem. O pensamento bíblico de que "Assim como o homem pensa no seu coração, assim ele é", reflete-se em todos os instantes nesta obra de Rohden. Há vários séculos, o grande Paracelso, expoente da Medicina da Idade Média e um dos pais da Medicina, dizia: "As doenças vêm da Natureza, mas a cura vem do Espírito". Rohden nos explica essa afirmação em seu paralelo entre Logoterapia e Cosmoterapia no capítulo correspondente. A partir das explicações iniciais, o livro de Rohden vai num "crescendo", culminando com os capítulos sobre Sintonização Cósmica e Realização da Cosmoterapia. São novidades inicialmente de difícil aceitação para os neófitos em Filosofia Univérsica. Entretanto, sua descrição da luta do homem contra as cicunstâncias é um verdadeiro "tour de force", e sua assertiva "Não há necessidade de combater os males — basta realizar o bem" é um impacto para quem ainda não se encontra preparado para assimilar tão grandiosa verdade. Somente um Gandhi brasileiro poderia afirmar, em bom português, que a única maneira de "acabar com milhares de ofensores é acabar com o único ofendido". Segundo Rohden, a felicidade não está em acabar com os meus ofensores, mas em acabar com o ofendido, que é o pobre ego humano e não o nosso EU divino. É esta a única terapia ao nosso verdadeiro alcance. Atingindo-a, teremos resolvido o problema central da Vida. Eis a Cosmoterapia.

(Março, 1988)

Cosmoterapia

A Cura dos Males Humanos pela Consciência Cósmica

Como ler este livro

Exige a macrobiótica que o homem mastigue 50 vezes cada bocado, até liquidificá-lo totalmente, antes de o deglutir.

A cosmo-biótica[1], porém, que preside a este livro, é mais exigente ainda: não se contenta com 50 mastigações; quem quiser assimilar devidamente o conteúdo das páginas seguintes deve mastigá-las indefinidamente, até reduzir a sua substância a uma liquidez total, de maneira que passe a ser sangue de seu sangue, vida de sua vida, espírito de seu espírito.

Este livro deve ser lido e vivido até que seu conteúdo se torne tão evidente como uma verdade matemática, como a equação 2 x 2 = 4. Na matemática não existe "talvez", "mais ou menos", existe somente um nítido "sim" ou um nítido "não".

Ora, matemática, metafísica e mística são na sua essência a mesma coisa: são a harmonia entre o nosso pensamento e a Realidade; são a perfeita harmonia entre o conhecer e o ser.

O conteúdo deste livro é importante para todos. Todos, de um ou outro modo, necessitam de terapia, de cura.

Mas nem todos compreenderão os caminhos traçados neste livro: a cura dos nossos males pela experiência da Realidade Cósmica, ou seja, pela Filosofia Univérsica.

---

[1] Foram mantidas com hífen algumas palavras que se tornaram conceitos na filosofia do autor. (N. do E.)

E, por ser este método de difícil compreensão e prática, vê-se o autor obrigado a repetir muitas vezes as mesmas verdades básicas, de modos vários.

Os leitores que tiverem lido e compreendido o livro *A arte de curar pelo espírito*, de Joel Goldsmith, terão maior facilidade para assimilar o conteúdo destas páginas.

Não adianta ler ou devorar este livro como um romance ou uma novela divertida; é necessário parar muitas vezes, fechar o livro e meditar, e depois reler e ruminar o lido.

Não obstante a aparente diversidade de assuntos, vai através de todas as páginas deste livro uma estreita unidade de pensamento: pela intensa conscientização e experiência intuitiva, deve o homem atingir a alma do Universo e perceber esta Realidade do UNO em todas as Facticidades do VERSO, universificando destarte a sua vida.

No grande UNO não há males nem maldades, que só existem no VERSO, quando este é dotado de livre-arbítrio; mas, quando o homem consegue permear da Realidade do Uno todas as Facticidades do Verso; quando o homem consegue canalizar as águas vivas da Essência Una através de todos os canais das Existências múltiplas — então as trevas e a penumbra da Existência serão dissipadas pela luz da Essência. Então o homem se realizou pela Realidade.

Para o homem ocidental, tremendamente dispersivo e centrífugo, toda a dificuldade consiste em se centralizar, profunda e diuturnamente, em sua Realidade interna, não para fugir das Facticidades externas, mas para iluminar e dinamizar as periferias do seu ego periférico com a luz e a força do seu Eu central.

No cosmo sideral, dizem os nossos cientistas, tudo é implosão e explosão, concentração e expansão, sístole e diástole, inalação e exalação, atomização e cosmificação. E, sendo o *ánthropos* um *kósmos* em miniatura, regido pelas mesmas leis, deve também o homem fazer a sua implosão mística para poder fazer devidamente a sua explosão ética; deve concentrar-se periodicamente na Realidade do UNO, a fim de poder expandir-se corretamente nas Facticidades do Verso, realizando o seu UNI-VERSO, a sua Cosmoterapia!

Vida, Saúde e Felicidade a todos os meus leitores!

Diretrizes preliminares (Universo)

É esta a palavra mais precisa e genial para designar a natureza bipolar do cosmo. Não Uni x verso — unidade separada da diversidade.

Nem Uni = verso — unidade idêntica à diversidade.

Mas Uni > verso — unidade imanente na diversidade e transcendente a ela.

Quer dizer: não há *separação* (x) entre o Uno e o Verso.

Nem há *identidade* (=) entre o Uno e o Verso.

Mas há uma *complementaridade parcial* (>) entre o Uno e o Verso.

Se fosse Uni x verso, o Uno seria apenas transcendente ao Verso, mas não seria imanente nele.

Se fosse Uni = verso, haveria apenas imanência entre o Uno e o Verso, mas sem transcendência; haveria *identidade* sem *alteridade*; o Verso, ou a soma total dos Versos, seria totalmente idêntico ao Uno; a soma total dos Finitos (Verso) seria igual ao Infinito (Uno).

Mas, no Uni > Verso, o Uno é maior que o Verso, e este é menor que aquele; há ao mesmo tempo imanência e transcendência. O Verso pode dizer: Eu e o Uno somos um, o Uno está em mim, e eu estou no Uno — mas o Uno é maior do que eu.

À luz da mais rigorosa lógica e matemática, nenhum Verso (Finito) está fora do Uno (Infinito); semelhante *dualismo separatista* é absolutamente impossível.

Por outro lado, nenhum Verso (Finito) pode ser totalmente idêntico ao Uno (Infinito); e por esta razão o *panteísmo identificador* está fora da lógica e da matemática.

Dentro da lógica e da matemática só é admissível o *monismo cósmico*, segundo o qual todo e qualquer Verso (Finito) está no Uno (Infinito), mas o Uno do Infinito ultrapassa todos os Versos Finitos. Ou seja: a Essência está em todas as Existências, mas a Essência Infinita transcende todas as Existências Finitas. Ou ainda: o Creador está em todas as creaturas, mas a soma total das creaturas não equivale ao Creador, porque o Creador é maior que todas as creaturas.

Em forma de simbologia aritmética, poderíamos dizer:

Nem 100 x 10
Nem 100 = 10
Mas 100 > 10.

Aqui o 100 representa o Infinito, o Uno, ao passo que o 10 simboliza o Finito, o Verso. Entretanto, como "toda a comparação claudica", o mal, neste símile, está no fato de ser o 100 uma *quantidade finita* (do mesmo nível do Verso 10), e não uma *qualidade Infinita* (da natureza do Uno). Se substituíssemos o 100 pelo sinal clássico do Infinito, ∞, poderíamos dizer afoitamente, dentro da lógica e da matemática: ∞ > 10; e podemos aumentar esse 10 ilimitadamente: 20, 100, 1.000, 1.000.000.000, etc.; e nunca haverá perigo de que estas quantidades finitas, por maiores que sejam, ultrapassem a qualidade infinita do ∞. Todos os Finitos (quantidades) estão sempre no Infinito (qualidade), embora este transcenda sempre àqueles.

É destarte que devemos imaginar o Universo, considerado em sua totalidade, Essência-Existência, Infinito-Finito, Uni-Verso.

O Uno da Essência Infinita — Vida, Saúde, Felicidade — quando, pela intensa conscientização, permeia todos os Versos das Existências Finitas, enche de si todos eles, tornando-os vivos, sadios, felizes.

Terapia, cura real, é essencialmente uma questão de Verdade, isto é, da Realidade Conscientizada, do Uno Infinito fluindo harmoniosamente através dos Versos Finitos — é uma questão da Essência Divina canalizada através da Existência Humana.

E isto é Cosmoterapia.

À luz desta verdade, parece estranho que haja algo imperfeito, que haja deficiência de vida, saúde e de felicidade aqui na terra. Se a Fonte é absolutamente perfeita e pura, como é possível que os canais veiculem algo imperfeito e impuro? Não deveríamos esperar nos canais finitos a mesma perfeição e pureza que há na Fonte Infinita?

Aqui, certamente, defrontamos o mais obscuro enigma da existência.

Donde vêm os males?

Da fonte?

Não!

Dos canais?

Sim!

Mas como? Se os canais são o prolongamento da Fonte?

Os canais, é certo, são *ontologicamente* — na ordem do Ser — autênticos prolongamentos da Fonte e, como tais, não contêm impureza nem imperfeição. Mas *logicamente* — na ordem do Conhecer — os canais humanos (não os da natureza) não são simplesmente prolongamentos da Fonte Infinita; há nos canais humanos algo que os separa da Fonte e lhes dá a possibilidade de agirem em seu próprio nome, por sua própria conta e risco, como se fossem algo realmente separado da Fonte. E este separatismo subjetivo, esta ilusão de uma ego-existência separada da cosmo-essência (de Deus, se quiserem), dá aos canais humanos suficiente autonomia subjetiva, suficiente ego-consciência para os canais humanos interceptarem o fluxo das águas vivas da Fonte Infinita da Vida, Saúde e Felicidade, e funcionarem em virtude da sua pequena e precária egoidade.

É esta ego-consciência separatista que obstrui o influxo e o efluxo das águas vivas da Fonte nos canais. E a Vida, Saúde e Felicidade perfeitas da Fonte aparecem, nos canais humanos, diminuídas em forma de um vivo, de um sadio, de um feliz muito imperfeitos.

Este elemento obstrutor nos canais humanos se chama *liberdade* ou livre-arbítrio.

A liberdade é uma espécie de jurisdição divina concedida ao homem. Na zona da sua liberdade, o homem é Deus, um ego-deus, e dentro do âmbito desta zona do livre-arbítrio o Cosmo-Deus não é mais responsável nem pelo uso nem pelo abuso da liberdade humana, do pseudo-deus-ego. Aqui, o homem é seu próprio *deus* e seu próprio *antideus*.

A liberdade é a mais preciosa — e também a mais perigosa — faculdade que o Uno divino transmitiu ao Verso hominal. Com ela pode o homem integrar-se conscientemente no eterno Uno, eternizando-se — e pode também separar-se livremente do eterno Uno, desintegrando-se. Pode, pelo uso ou abuso da liberdade, entrar na Vida Eterna — e pode também sucumbir à Morte Eterna.

A natureza infra-hominal (*Maya*) é inconscientemente cósmica.

O homem-ego (*Aham*) pode ser conscientemente anticósmico (ou também cósmico).

O homem-Eu (*Atman*) é conscientemente cosmificado.

Por causa desta possível cosmificação do homem-Eu, permite a alma do cosmo (*Deus*) a possível anticosmicidade do homem.

É esta a tal *felix culpa*, o tal *necessarium peccatum* de que canta o hino pascal do "Exultet".

O infra-homem neutro do Éden (*Maya*) atravessa a zona do homem-ego da serpente rastejante (*Aham*), a fim de atingir as alturas da serpente verticalizada do homem-Eu (*Atman*), acrescentando o seu polo positivo Eu ao polo negativo do ego.

O homem, no estágio hominal da sua evolução ego (o *Adi-aham* ou *Adam* do Gênesis), pode sucumbir à ilusão de ser uma entidade separada do grande Uno, da alma do Universo, separado de Deus; é este o seu erro de origem, o seu "pecado original". E não há nenhum "batismo", nenhum mergulho que o possa libertar dessa ilusão, a não ser o mergulho na verdade do Eu. Só quando o homem mergulha na Fonte profunda do seu Eu verdadeiro é que ele é liberto da ilusão da sua egoidade. "Conhecereis a verdade, e a verdade vos libertará" — é este o único "batismo" real, o único mergulho redentor.

O homem-ego vive na ilusão "eu faço vida, saúde e felicidade", e com esta ignorante arrogância obstrui ele o caminho à verdade de que ele deve receber da Fonte do Uno a Vida, a Saúde e a Felicidade.

A humanidade de hoje vive ainda na ilusória ego-consciência, julgando-se Fonte, quando é apenas canal.

Quando despertará no homem ego-consciente a cosmo-consciência?

O homem-ego prefere remediar em vez de redimir.

Os remédios são remendos, mas não são redenção.

Remédios podem ser "remendo novo em roupa velha", mas a roupa velha do ego continua roupa velha, por mais remendada e remediada. Nunca se torna uma "nova creatura em Cristo", como o Eu, que não é remendado, mas remido.

Remédios podem, quando muito, desobstruir o caminho que o

ego obstruiu, mas não podem curar o mal. Somente a alma da natureza pode curar.

Sendo que a natureza é inconscientemente cósmica, pode Deus curar através dela, porque ela é um canal puro e dócil pela qual fluem a Vida, a Saúde e a Felicidade da Fonte Infinita. Mas, se o ego hominal, conscientemente anticósmico, intervier, obstruindo os canais ou turvando a limpidez das suas águas, então não pode a natureza exercer sua atividade curadora.

Vida, Saúde e Felicidade fazem parte integrante da natureza, quer fora quer dentro do homem. Elas existem dentro de cada homem, em estado potencial e implícito; e o homem bem orientado as pode fazer existir em estado atual e explícito, pode levar à eclosão a sua incubação.

Para fazer passar da incubação para a eclosão essas potencialidades latentes, deve o homem conscientizar a presença da Realidade, que é o seu Eu divino, o seu grande Uno. E a primeira condição para o despertamento desse Eu divino é não identificar-se com o seu ego humano, ilusoriamente tido como Eu divino. Essa conscientização do seu Eu verdadeiro — que é Vida, Saúde e Felicidade — o libertará do seu ego ilusório, que é a causa de todos os males do homem.

Na razão direta em que o homem se *desegoficar* (des-iludir) e se *cosmificar* (veracificar), participará o seu ego humano da Vida, Saúde e Felicidade do seu Eu divino.

A Realidade do eterno Uno divino permeará todas as Facticidades do efêmero ego humano.

A soberania da sua substância divina será proclamada sobre todas as tiranias das circunstâncias humanas.

E nascerá o homem cósmico.

"Eu já venci o mundo."

Filosofia Univérsica (Base da Cosmoterapia)

Os cursos de filosofia tradicionais tomam como ponto de partida ou ponto de referência uma determinada escola filosófica, do passado ou do presente; ou então se orientam pela mentalidade de determinado pensador.

Platão, Aristóteles, os Estóicos, os Neoplatônicos, Tomás de Aquino, Descartes, Spinoza, Kant, Hegel, Bergson, etc., são, certamente, nomes respeitáveis na evolução do pensamento humano. Ou, para remontarmos ao Oriente, palavras como os Vedas, a Vedanta, a Bhagavad Gita, Buda, Lao-tse, Patanjali, etc. marcam, indubitavelmente, pontos-chave no itinerário filosófico-místico da humanidade.

Todos esses movimentos podem servir como outros tantos afluentes do vasto amazonas da Filosofia Perene do gênero humano.

Entretanto, é chegado o tempo de uma grande revolução no campo do pensamento filosófico da humanidade. Hoje em dia, nenhuma dessas escolas e nenhuma dessas pessoas pode continuar a servir de base ou meta final ao pensamento filosófico.

Somente a própria constituição cósmica do UNIVERSO é que pode e deve orientar o itinerário mental e racional da humanidade. Somente o Universo, considerado como Essência e Existência, como Causa e Efeito, representa a Realidade Total; e, como toda a filosofia digna desse nome deve ser 100% realista, cosmo-realista, é evidente que somente a própria Realidade Cósmica, o Universo Integral, pode e deve orientar o pensamento humano.

A nossa filosofia deve ser feita à imagem e semelhança do Universo.

O homem revê ser um microcosmo em harmonia com o macrocosmo.

A Verdade é a harmonia entre o nosso pensamento e a Realidade — assim como, por outro lado, a inverdade, ou o erro, é a desarmonia entre o pensamento e a Realidade.

Quando o homem é cosmificado ou universificado, então está ele na Verdade; do contrário, está no erro.

E que outro objetivo poderia ter a Filosofia, senão o de atingir a Verdade? De pensar de acordo com o Universo?

A própria palavra UNIVERSO nos convida a basear nossa filosofia na Realidade do Cosmo, que é unidade na diversidade, uno mais verso, UNI-VERSO.

Unidade sem diversidade é monotonia.

Diversidade sem unidade é caos.

Unidade com diversidade é harmonia.

Esta harmonia do Universo era chamada pelos gregos "kósmos", cuja idéia fundamental é "beleza".

Os romanos chamavam o Universo "mundus", que quer dizer "puro".

O Universo é, pois, uma harmonia cheia de beleza e de pureza.

No meu livro *Filosofia da arte* desenvolvi por extenso este conceito filosófico-artístico do Universo.

Ora, sendo que o Universo é essencialmente uma grandiosa e fascinante harmonia, por ser unidade na diversidade — é evidente que uma verdadeira filosofia deve primar por um máximo de unidade e um máximo de diversidade; deve ser uma Filosofia Cósmica ou Univérsica.

Onde está a unidade no Universo? Onde está sua diversidade?

A unidade do Universo está na sua causa única — a diversidade está nos seus efeitos múltiplos.

Una e invisível é a causa — muitos e visíveis são os efeitos.

Una é a Realidade central — muitas são as Facticidades periféricas.

Una é a Vida — muitos são os vivos.

Una é a Luz Incolor — muitas são as luzes coloridas.

Nossos sentidos e o intelecto, baseado nos sentidos, percebem os efeitos vários — nossa razão intui a causa única.

Sentidos, intelecto, razão...

Esta trilogia marca o itinerário evolutivo do homem sobre a face da Terra. No princípio da grande jornada, o homem só atingia aquilo que os sentidos lhe ofereciam, como reflexo do mundo circunjacente. E neste plano o homem se parece com o animal.

Mais tarde, despertou no homem a faculdade analítica do intelecto — e com isto o homem entrou no primeiro estágio da sua característica hominalidade. Nasceu o homem-ego, o homem-persona, o homem-intelecto.

O grosso da presente humanidade se acha ainda neste primeiro estágio hominal, incluindo, naturalmente, o estágio animal dos sentidos.

Sentidos e intelecto formam o homem-ego, cuja inteligência atingiu, sobretudo nos últimos tempos, notável desenvolvimento. A inteligência humana se revela pela *ciência*, cujo campo é a investigação das relações de causa e efeito que vigoram entre os fenômenos que os sentidos nos apresentam. O intelecto conhece causas e efeitos — mas ignora a Causa Única dessas causas e desses efeitos múltiplos.

Entretanto, faz parte da natureza humana uma faculdade ultra-intelectiva, que os gregos chamavam "lógos" (diferenciando-a do "nóos", ou intelecto) e que os romanos designavam pelo termo "ratio". Infelizmente, em nossos dias, raras vezes se faz a devida distinção entre "intelecto" e "razão". No uso geral, as palavras razão e racional e o termo "lógico" (derivado de *lógos*, razão) se referem, quase sempre, à atividade do intelecto; dizemos que fulano é racionalista quando queremos dizer que é um intelectualista unilateral, meramente analítico, e dizemos que sicrano pensa logicamente, quando entendemos que ele se guia pelos ditames da inteligência.

Na Filosofia Univérsica, porém, que prima por uma terminologia de precisão matemática, fazemos questão de pensar e falar com a mais alta acribia; não confundimos razão com intelecto.

O intelecto age analiticamente — a razão reage intuitivamente.

O intelecto é ego-pensante — a razão é cosmo-pensada. E pode mesmo chegar a ser cosmo-pensante, no caso em que atinja o clímax do seu poder. No estágio racional aparece o homem-Eu, o homem-indivíduo (indiviso).

O homem-Eu, no estágio da razão, age pela sapiência ou sabedoria. Ultrapassou a simples ciência do homem-ego, que age analiticamente.

A humanidade do presente, raras vezes, age com sapiência; conhece apenas a ciência, que é do ego intelectual. Só de vez em quando aparece um ser humano que se guia pela sapiência do Eu intuitivo.

O modo de agir sapiencial é, para o homem intelectual, um absurdo, um paradoxo — e o é na verdade, porque "absurdo" em latim e "paradoxal" em grego querem dizer "para além do intelecto". No primeiro século, Paulo de Tarso escreveu aos cristãos em Corinto: "O homem intelectual (*psychikós*) não compreende as coisas que são do espírito (*pnêuma*, sinônimo de *lógos*), que lhe parecem estultície; nem as pode compreender, porque as coisas do espírito devem ser compreendidas espiritualmente".

Que diríamos de um homem que quisesse ouvir diretamente, com os ouvidos, as ondas eletrônicas de uma estação emissora? Não as pode ouvir, porque os ouvidos só percebem ondas aéreas, que estão em outra dimensão de frequência vibratória. Os nossos ouvidos só podem ouvir vibrações eletrônicas depois de convertidas em vibrações aéreas pelo aparelho receptor e transformador do rádio.

O intelectual analítico não pode perceber a irradiação do racional intuitivo, a não ser que ele racionalize primeiro a sua inteligência.

O Sermão da Montanha, por exemplo, Carta Magna da sapiência intuitiva, aparece como um documento de extrema absurdidade para o homem não-sapiente, mas apenas intelectualmente ciente ou erudito. Amar os que o odeiam, fazer bem aos que lhe fazem mal, está de acordo com a sapiência racional do homem-Eu, mas está em flagrante desacordo com a ciência intelectual do homem-ego.

"Por Moisés foi dada a lei (ciência do intelecto) — pelo Cristo veio a verdade e a graça (sapiência da razão)."

O homem-ego, quando ofendido, só pode escolher uma de duas alternativas: ou vingar-se — ou perdoar; mas nem esta nem aquela ultrapassou o plano do ego; quem se vinga revela um ego de má vontade; quem perdoa revela um ego de boa vontade — nenhum dos dois subiu ao plano do Eu da sabedoria, que não se sente ofendido e, portanto, não se vinga nem perdoa.

A Filosofia Univérsica é, por ora, uma meta, uma longínqua *theoria* (visão) para a humanidade-elite — mas ainda não um *método*, uma *práxis* (ação) para a humanidade-massa, que continua a marcar passo no plano horizontal da inércia do ego ciente, longe de se erguer à vertical dinâmica do Eu sapiente.

Mas, apesar disto, deve a humanidade-elite afirmar, firmar e confirmar cada vez mais a sapiência da Filosofia Univérsica. O nauta, em plena noite, deve poder perceber, no horizonte, os clarões de um farol orientador, para que não perca o rumo em alto-mar, não naufrague em escolhos ocultos e arribe ao porto. A meta longínqua deve ser visualizada para que os métodos propínquos sejam corretamente executados.

A inteligência *ego-pensante* é um prelúdio necessário para a razão *cosmo-pensada*. De fato, não se trata de duas faculdades separadas, como à primeira vista parece; trata-se duma única faculdade, a qual, quando imperfeitamente realizada, se chama *intelecto* ou inteligência e, quando em plena maturação, se chama *razão* ou *lógos*. Semente e planta são essencialmente a mesma coisa, embora existencialmente diferentes.

Quando o homem atinge a plenitude da sua evolução hominal, verifica ele que é tanto ego-pensante como cosmo-pensado — verifica que é *cosmo-pensante*, homem cosmificado, universificado.

"Eu já venci o mundo."

Que é o Cosmo?

Nestes últimos decênios, a palavra "cosmo" se tornou termo popular. Os nossos cosmonautas perlustram os espaços cósmicos.

Entretanto, nas páginas deste livro sobre "cosmosofia" e "cosmoterapia", a palavra cosmo não coincide integralmente com esse sentido científico-popular. Não nos referimos, em primeiro lugar, ao espaço físico, sideral, ao *corpo* visível do cosmo, mas antes à sua *alma* invisível.

Kósmos é a palavra grega correspondente ao termo latino *mundus*.

Kósmos é o radical de um vocábulo que quer dizer "belo" (cf. cosmético).

Mundus quer dizer "puro" (cujo oposto é *immundus*, impuro).

Entretanto, o termo latino que com maior precisão designa o caráter do *kósmos* ou do *mundus* é a maravilhosa palavra *Universo*, composta de *uno* e (di) *verso*, ou seja, unidade na diversidade, que é harmonia.

Se o mundo fosse apenas *unidade* (sem diversidade), seria monotonia.

Se o mundo fosse apenas *diversidade* (sem unidade), seria caos.

Mas, como o mundo é *unidade na diversidade*, ou diversidade na unidade, ele é a mais grandiosa expressão da harmonia.

O cosmo é, portanto:

— beleza,

— pureza,

— harmonia.

O elemento *uno* indica a Essência, una, única, infinita, do cosmo, aquilo que as filosofias e religiões entendem, ou deveriam entender, por Divindade, Brahma, Tao, o Absoluto, o Infinito, o Transcendente, a Causa-Prima, etc.

O elemento *verso* significa as Existências múltiplas do cosmo, os finitos, as creaturas, os efeitos individuais produzidos pela Causa Universal. *Versus* é, aliás, o particípio passado do verbo latino *vértere* (verter, derramar), indicando aquilo que foi "vertido", derramado pelo centro da Essência rumo às periferias das Existências.

A palavra "existência" — derivada de *ex* (fora) e *sistere* (pôr) — tem o mesmo sentido: a existência é aquilo que foi posto para fora, isto é, Existência manifestada pela Essência. A Realidade revelada em Facticidades.

A Realidade Infinita "é".

As Facticidades Finitas apenas "existem".

O Universo é, pois, um composto de "Ser" e de "Existir", de Realidades e Facticidades, de Causa e Efeitos, de Essência e Existências, de Uno e Versos, de Infinito e Finitos.

Quando, nas páginas deste livro, nos referimos ao cosmo como poder curador — como cosmoterapia — entendemos por cosmo a Essência do Universo, que produz os "Versos" das Existências.

Aliás, a Essência una do cosmo, sendo perfeita vida e saúde, não poderia jamais ser objeto de terapia. Somente na zona das Existências múltiplas é que pode haver necessidade de cura ou terapia.

O *Uno* do Universo também se pode chamar Divindade, cuja manifestação é *Verso, é Deus*[1], ou mesmo os *deuses*. Na linguagem comum, usamos frequentemente a palavra "Deus" em vez de "Divindade", porque a Divindade Transcendente não é objeto do nosso conhecimento humano; somente como Deus Imanente pode a Divindade Transcendente ser cognoscível.

---

[1] A palavra "Deus" (Theós, Zeus, Dyaush) vem de "divus", que quer dizer "luminoso". Também a eletrônica dos nossos dias chegou a conclusão de que a luz é a base de todas as coisas do Universo físico. Tudo é "lucigênito", e por isso tudo é "lucificável". Aliás, Moisés, mais de três milênios antes de Einstein, já dissera que "no primeiro período (yom) Deus fez a luz"; e dessa luz primeva foram feitas todas as outras coisas.

Deus, ou deuses, são manifestações individuais da Divindade Universal. São Existências Finitas projetadas pela Essência Infinita.

Que se deve, pois, na realidade, entender por Deus ou Divindade?

Deus (no sentido de Divindade) é a *Realidade* única e invisível presente em todas as *Facticidades* várias e visíveis.

Deus é a *Luz* cósmica que gera todas as energias e matérias.

Deus é o único *Poder* do Universo que tudo crea e sustenta.

Deus é a *Harmonia* que rege todos os seres.

Deus é a *Vida* que anima todos os seres vivos.

Deus é a *Inteligência* que orienta os átomos e os astros.

Deus é a *Benevolência* que ama todas as creaturas do cosmo.

Ora, sendo que o Universo, em sua Essência una, é tudo isto — Realidade, Luz, Poder, Harmonia, Vida, Inteligência, Benevolência —, segue-se que o Universo também se manifeste, em suas Existências várias, como Realidade, Poder, Harmonia, Vida, Inteligência, Benevolência, porque tal o Efeito qual a Causa.

A concepção teológica dualista de que Deus seja alguma entidade justaposta ao Universo, algo fora do cosmo, algum indivíduo, alguma pessoa, é certamente a mais primitiva e infantil de todas as ideologias da humanidade.

A Essência do cosmo é idêntica à Divindade, embora a sua Existência seja não-idêntica. O cosmo existencial pode dizer "Eu e a Divindade somos um, mas a Divindade é maior do que eu".

A Essência Infinita está em todas as Existências Finitas, embora não haja total identidade entre Essência e Existências, porque aquela é sempre maior do que estas, mesmo maior do que a soma total das Existências, porquanto a Essência é *Realidade qualitativa*, ao passo que as Existências, por maiores e mais numerosas, nunca deixam de ser meras *Facticidades quantitativas*.

O erro das teologias dualistas ocidentais está em estabelecerem *separação* entre o *Uno* da Essência Infinita e o *Verso* das Existências Finitas.

O erro de certas filosofias panteístas orientais está em admitirem total *identidade* entre Essência e a soma total das Existências, identidade sem *alteridade*.

O dualismo admite *transcendência sem imanência*.

O panteísmo professa *imanência sem transcendência*.

O monismo cósmico, porém, que admitimos, reconhece *imanência com transcendência*, identidade com alteridade.

Ora, uma vez que é metafisicamente certo que a Essência Una

do Universo (Divindade) está presente em todas as Existências Várias do Cosmo (creaturas), segue-se, com matemática precisão e evidência, que a vida e a saúde da alma do Universo estão presentes em todos os corpos do mesmo. E, enquanto nada impeça a atuação dessa presença, ela se manifesta infalivelmente.

Pergunta-se se pode haver algo capaz de impedir a manifestação dessa alma do Universo através dos seus corpos; pergunta-se se alguma Existência Finita pode impedir a manifestação da Essência Infinita.

Por mais estranho que pareça à primeira vista, esse *algo* impediente existe. Há um setor no Universo dos Finitos, no mundo das Facticidades, onde a vida e a saúde da Essência Infinita, da Realidade, pode ser impedida, diminuída, onde a presença do *Uno* benéfico não mais se manifesta no *Verso*. E então aparece algo mau e maléfico nesse *Verso*, nos Finitos.

Este setor, como foi dito, é o chamado *livre-arbítrio*, ou simplesmente a liberdade.

Uma creatura finita dotada de livre-arbítrio pode frustrar não a presença do Creador Infinito, mas sim a sua creatividade e a sua atuação benéfica nos Finitos.

A creatura livre é, por assim dizer, *bivalente*: *positiva* e *negativa*; pode cooperar com a Essência Infinita, e pode também opor-se à atuação dessa Essência. O livre-arbítrio é o maior dos *privilégios* — mas é também o maior dos *perigos*.

Ora, acontece que, no plano da evolução histórica do Universo, surgiu uma creatura dotada de livre-arbítrio: o ser *hominal*.

Mas esse ser hominal, o homem, apareceu com grau ínfimo de livre-arbítrio, com uma liberdade muito imperfeita. Depois de superar a zona meramente *vital* do mundo infra-hominal, esse ser entrou na zona do *mental*, onde a bivalência negativo-positiva se manifesta de preferência como polo negativo. O ser hominal, ao aparecer no cenário da história, apareceu como *negativamente livre*, livre *de* alguma coisa, mas sem saber *para quê* era livre. Livre da escravidão do instinto *vital* do mundo infra-hominal, graças ao poder *mental*, mas ainda não plenamente livre para um fim *racional* (espiritual).

Essa zona mental é do homem-ego, primeira etapa evolutiva do ser hominal e na qual o grosso da humanidade se acha até hoje: o homem-ego se sente livre *de*, mas não se sabe ainda livre *para quê* e *perante quem*.

É esta a zona crítica da *liberdade sem responsabilidade*.

Todos os males da humanidade podem ser sintetizados neste binômio: liberdade sem responsabilidade.

Neste plano, o homem age livremente em nome do seu *ego separatista*, e não age responsavelmente em nome do seu *Eu unitivo*; age *egoicamente*, não age *cosmicamente*. E, como todo o mal está na *egoidade unilateral* e como todo o bem está na *cosmicidade onilateral*, segue-se com a lógica férrea da lei inexorável de que o homem, no plano da egoidade sem cosmicidade, não pode deixar de ser vítima dos males produzidos por essa *egoidade separatista*, e nessa zona dos males perseverará o homem enquanto não despertar nele a consciência da sua *cosmicidade unitiva*, única capaz de o redimir dos males.

A união cósmica é a *verdade*, a separação egóica é uma *ilusão*. A ilusão produz os males, a verdade produz os bens e nos liberta dos males. Ilusão é treva, verdade é luz — as trevas só poderão ser dissipadas pela atuação da luz.

A verdade é o conhecimento consciente da Realidade, da Essência, do Uno do Universo. Conhecer esta Realidade é a verdade, e esta verdade conhecida é libertadora — "conhecereis a verdade, e a verdade vos libertará".

Os males da vida humana são, portanto, produto do *ego ilusório*, e só poderão ser abolidos pelo despertamento do *Eu verdadeiro*. É perfeitamente inútil e totalmente impossível querer abolir os males ego-produzidos pelo próprio ego, por mais inteligente que ele seja. Nenhum ego pode nos libertar dos males a que o ego nos escravizou. Escravocrata não abole escravidão; escravocrata faz escravos, mas não liberta escravo. Enquanto o homem escravizado pelo ego ilusório não ultrapassar a dimensão dessa egoidade ilusória e escravizante, não haverá redenção dos males que a egoidade engendrou. Querer libertar o ego pelo ego é funesto círculo vicioso, em que a humanidade vive há milhares de anos. Pode o ego modificar os sintomas dos males por ele creados, mas não os pode erradicar e abolir definitivamente, enquanto não entrar na nova dimensão do Eu redentor.

Na natureza infra-hominal o Uno do Universo age diretamente, sem encontrar obstáculo, porque a natureza não possui suficiente liberdade para opor obstáculo à atuação do poder cósmico.

Com o aparecimento do fator consciente ou semiconsciente do ser hominal, em sua fase mental, surgiu a possibilidade duma obstrução; o homem-ego pode fechar os seus canais ao influxo da fonte cósmica.

Essa obstrução dos canais ocorre toda vez que o ego hominal considera a sua egoidade como fonte da própria Realidade, do Poder, da Vida e da Saúde. Esta ilusão egóica é a razão por que o homem sofre os males. A ilusão separatista do ego obstrui os canais entre o homem e o cosmo.

A libertação desses males é possível unicamente pela transição da *ilusão* para a *verdade*, porque só a consciência da verdade liberta o homem dos males que a inverdade creou nele.

A verdade, porém, é esta: Eu e o Infinito (Pai) somos um; o Infinito está em mim, e eu estou no Infinito; as obras que eu faço não sou eu (o ego finito) que as faz, mas é o Infinito em mim que as faz.

Quando o homem se convence definitivamente de que o seu ego humano não é Fonte, mas canal, que deve estar ligado conscientemente à Fonte, ao Infinito, ao Uno, ao Único, à Essência, então fluem para dentro dele, e através dele, as águas da Vida, da Saúde e da Felicidade.

A presença objetiva da Vida, da Saúde e da Felicidade é um fato permanente e universal; mas a consciência desta presença é um problema. Enquanto o homem não tiver a consciência nítida desta presença cósmica não será liberto dos seus males. O homem pode ter câncer, paralisia, tuberculose, lepra ou outra doença, dentro da presença e onipresença da Vida, da Saúde e da Felicidade do Cosmo; pode também ser o maior dos malfeitores dentro desta presença. O que o redime desses males e dessas maldades não é o fato objetivo da presença cósmica, é, sim, a consciência subjetiva dessa presença.

O homem-ego ignora essa presença — o homem-Eu sabe dessa presença cósmica, divina. Por isto, somente a verdade do Eu pode redimir o homem da ilusão do ego.

Autorrealização e cosmoterapia são manifestações da consciência da presença de Deus no homem.

Várias espécies de Terapias

Somatoterapia
Psicoterapia
Logoterapia

Estes três tipos de terapia, ou cura, são conhecidos. Antigamente, só se conhecia *somatoterapia*, isto é, cura do corpo pelo corpo (*soma*, em grego).

Nos últimos decênios, sobretudo depois de Freud, fala-se em *psicoterapia*, cura do corpo e da *psyché* pela *psyché* (palavra grega para alma, no sentido de princípio vital).

Ultimamente surgiu o movimento de *logoterapia*, termo popularizado principalmente pelo Dr. Victor E. Frankl, presidente da Policlínica Neurológica da Universidade de Viena. Pela palavra grega *lógos*, usada na filosofia helênica desde a antiguidade, como também pelo autor do quarto Evangelho, entende-se a Razão Cósmica, o fator dinâmico, consciente, do Universo, o *Uno* da causa que se revela no *verso* dos efeitos. Esse *lógos* é a alma tanto do *Kósmos* como do *Ánthropos*. De per si, o *lógos* cósmico é idêntico ao *lógos* hominal. É o Deus imanente no mundo e no homem.

Quando os médicos falam em *logoterapia* referem-se à cura dos males humanos pelo princípio racional-consciente presente na natureza humana.

A logoterapia nada tem que ver com algo extra-cósmico ou extra-hominal, não se refere a um fator religioso ou místico fora do homem, não encampa nenhuma teologia eclesiástica, não apela para alguma ignota entidade transcendente, para algo além do homem. A logoterapia não *invoca* nenhuma entidade externa para curar os males do homem; mas *evoca* uma força interna, parte integrante da natureza humana, embora não conhecida nem utilizada pelo homem comum.

A logoterapia é, pois, *imanente* e não *transcendente* ao homem. Verdade é que essa evocação (*ex-vocare* = chamar para fora) de um fator interno e imanente parece, à primeira vista, uma invocação (*in vocare* = chamar para dentro), lembrando algo transcendente ao homem. O imanente é tão propinquamente *aquém*, tão intensamente dentro do homem, que parece estar longinquamente *além*, extensamente fora do homem. A designação usual *aquém* e *além* é totalmente arbitrária, dependente da perspectiva que o homem assume, de momento. Uma linha curva é chamada *convexa* por alguém que a contempla do lado de fora — e é chamada *côncava* por alguém que a olha de dentro da curva; mas a linha em si é uma e a mesma. O *aquém-de-dentro* é, para o homem-ego, tão distante como qualquer *além-de-fora*, ou mais distante ainda, porque o ego apreende melhor o dimensional do que o indimensional. E o *aquém* é absolutamente indimensional.

Ontologicamente considerado (na ordem do ser), o aquém é idêntico ao além; logicamente (na ordem do conhecer), o aquém jaz para cá, o além para lá.

Quando o homem atinge a plenitude da sua consciência ou conscientização, nada mais sabe ele de um aquém ou de um além, porque a dimensão espacial do Finito se diluiu na indimensão do Infinito. O mesmo se dá com o conceito ilusório de tempo, que se dilui na verdade do eterno, que é a ausência do tempo. Quando o homem-ego ultrapassa a sucessividade analítica da sua mente e entra, como homem-Eu, na simultaneidade intuitiva da razão, então tudo isto se torna natural, evidente e compreensível.

A logoterapia não apela, portanto, para nenhum elemento *heterônomo* ao homem, mas penetra no âmago do elemento *autônomo* dele.

Por via de regra, o homem só conhece as suas periferias sensoriais ou, quando muito, a sua zona semiperiférica mental. Mas nem os sentidos nem a mente representam a realidade central do homem; atingem o *factual*, mas não o *real*. Para além de todas as *facticidades* desponta a *realidade* real.

A logoterapia prática, portanto, é o mais completo realismo, quando ultrapassa as facticidades periféricas ou semiperiféricas e entra na zona da realidade central. Para além de todas a facticidades irrealistas jaz a realidade real.

O homem irreal ou semirreal deve ser plenamente realizado, para que o seu ego doente seja saturado pelo seu Eu sadio. No homem plenirreal não há males. Todos os males de que o homem sofre vêm da zona do seu ego mental, da sua *persona* (termo latino para máscara). Somente o contato com a individualidade real pode curar a personalidade irreal; somente a verdade pode libertar o homem da inverdade, que gera os males.

No inconsciente total da natureza não há males, porque o automatismo férreo do instinto unilinear liga o mundo mineral-vegetal-animal diretamente ao Uno do centro, à Fonte do Bem, de maneira que o verso dos Finitos age sob a atuação absoluta do *Uno* do Infinito.

Só com o advento do homem-ego, do homem mental, semiconsciente e semilivre, é que surgiram as maldades e os males. O homem-ego é assaz consciente para criar maldades, que geram males, mas não é bastante consciente para superar os males.

O ego é luz, mas não é força. Pela luz enxerga o caminho certo, mas pela ausência de força não consegue andar por esse caminho.

Esse *ver-sem-poder* é o sofrimento do homem-ego. Essa luz matutina, equidistante das trevas noturnas e da luz meridiana, é que gera a inquietude metafísica do homem-ego, antes de atingir a grande quietude do homem-Eu.

Sendo, porém, que no homem-ego dormita o homem-Eu — assim como a planta dorme na semente —, é possível evocar de dentro do ego o Eu; é possível despertar para a vigília o homem dormente.

E esta possibilidade é a base da logoterapia.

A logoterapia não equivale, pois, a nenhum passe mágico, nenhuma mística sobrenatural. Não invoca nenhum Deus transcendente, mas evoca o Deus imanente no homem, que é o seu verdadeiro Eu central, o "Pai em nós". A logoterapia é um processo 100% natural, real e racional, ao passo que as terapias inferiores não são plenamente naturais e racionais.

A última palavra de todas as terapias é a *cosmoterapia*, que abrange todas as outras terapias. Cosmoterapia é a cura do homem pelas forças cósmicas em seu conjunto; porquanto o homem não é *soma*, *psyché*, *lógos*, disjuntivamente; ele é tudo isto, conjuntivamente. Não há no homem compartimentos-estanque. Tudo o que acontece no *soma* se reflete na *psyché* e no *lógos*; e tudo que ocorre no *lógos* ou em outro setor humano ocorre também em todos os outros setores, porque o homem é uma estrita unidade orgânica, e não uma diversidade mecânica; ele é univérsico, unidade em diversidade.

Ontologicamente, na ordem do ser, não há divisões no homem. Logicamente, na ordem do conhecer, a nossa ciência fala em *soma*, *psyché*, *lógos*, por motivos de melhor conhecimento.

Na cosmoterapia consideramos o homem como um todo orgânico, uma síntese complementar, embora sob a direção de um fator dominante, o *lógos*, o Eu pleniconsciente.

"Eu já venci o mundo."

O Homem Ego-consciente e o Homem Cosmo-consciente

O cosmo é em si cosmo-consciente. E isto é idêntico ao bem-estar cósmico em todos os sentidos.

Mas o ser hominal, quando na zona primitiva do ego, se julga separado do cosmo, porque adquiriu ego-consciência; o homem, nesta zona, é ciente do seu ego, mas não é propriamente consciente, porque este *com* supõe relação, que seria *ciente* com o cosmo.

Sendo que esse *ego-consciente* no homem ainda é muito fraco, recém-adquirido, instável, inseguro, tenta o homem recém-cientizado aumentar ou reforçar a sua frágil ciência; e ele o faz por meio de veementes afirmações do seu ego hominal e por meio de violentas negações do Todo Cósmico.

Isto resulta numa *ego-afirmação* absoluta e numa *cosmo-negação* violenta.

Neste estágio evolutivo se acha o grosso da humanidade de hoje.

O homem-ego sente-se *livre de*, mas não se sente *livre para*; ele quer afirmar cada vez mais a sua *egoidade* recém-liberta da *cosmicidade*, receando sempre recair nesta e perder o triunfo máximo da sua evolução, que é precisamente esta egoidade, ou egociência. A egoidade lhe parece *liberdade*, e cosmicidade lhe parece *escravidão*.

Neste plano evolutivo procura o homem não mais sentir-se como *parte* dependente do *Todo* do cosmo, mas tenta emancipar-se cada vez mais da *servidão cósmica*. Esta tendência de emancipação passa a ser uma hostilidade anticósmica.

Por isso, diz o historiador-filósofo Arnold Toynbee: o egocentrismo do homem equivale a uma grande *hybris*, a um orgulho anticósmico a serviço da sua recém-adquirida egoidade.

Ora, sendo que o cosmo ou a cosmicidade, é idêntico ao conceito de um *bem-estar universal*, a atitude anticósmica assumida pelo ego não pode deixar de ser idêntica a um *mal-estar universal*.

Esta atitude do homem egocêntrico e anticósmico se baseia numa ilusão, é um separatismo *anticósmico*, embora não seja, nem possa ser, uma verdadeira separação do cosmo, porque nada existe nem pode existir realmente separado do cosmo. Os indivíduos finitos são manifestações parciais do Todo Cósmico, mas não são partes ou parcelas separadas desse Todo. Essas manifestações individuais e parciais estão para o Todo cósmico assim como os *pensamentos* estão para o *pensador*: não são partes separadas dele, mas são manifestações parciais do pensador, distintas dele, nem separadas nem idênticas.

Quando, pois, o homem-ego se julga separado do cosmo, vive ele numa grande ilusão; o seu separatismo anticósmico é a sua grande ilusão. E esta sua ilusão separatista é que é a origem de todas as maldades do homem-ego.

Somente quando o homem-ego, passando para a zona do homem-Eu, descobre a sua união cósmica, quando ele pode dizer em verdade "eu e o cosmo somos um, eu estou no cosmo, e o cosmo está em mim, embora o cosmo seja maior do que eu" — só então vive ele na *verdade benéfica*, na cosmicidade positiva, que o preserva ou liberta da maldade e subsequentes males.

Que é a Verdade?

A Verdade é a harmonia entre o meu pensamento e a Realidade.

Que é ilusão?

Ilusão é a desarmonia entre o meu pensamento e a Realidade.

Se eu penso que 2 x 2 = 4, estou na verdade, porque na Realidade assim é.

Se eu penso que 2 x 3 = 5 ou 7, estou na ilusão, porque assim não é na Realidade.

Para a Verdade, como se vê, existe uma única alternativa; neste caso o 4, ao passo que para a ilusão existem inumeráveis alternativas: 5, 7, e todo e qualquer número fora do 4.

Se eu penso que estou unido ao cosmo, estou na Verdade.

Se eu penso que estou separado do cosmo, estou na ilusão.

A ilusão abre a porta para todos os males.

A Verdade abre a porta para todos os bens.

A Verdade é como a luz, que não admite trevas.
A ilusão é como a treva, que exclui a luz.
A Verdade é benéfica.
A ilusão é maléfica.

"Assim como o homem pensa no seu coração, assim ele é." (Bíblia)

O meu pensamento pró-cósmico me garante bem-estar.
O meu pensamento anticósmico gera mal-estar.

Quando o homem ego-ciente, que apenas se sente livre de algo, passa para o homem Eu-ciente, ou até cosmo-consciente, começa ele a sentir-se livre também *para*, livre para se integrar no cosmo. E esta verdade o liberta da inverdade; com o advento da verdade vem o bem-estar, com o advento da ilusão vem o mal-estar.

A pró-cosmicidade é benéfica.
A anticosmicidade é maléfica.

A pró-cosmicidade é também pró-hominal, assim como a anticosmicidade age também em sentido anti-hominal. O homem é concêntrico com o cosmo.

Quem quiser ganhar o seu ego hominal perdendo o Todo Cósmico, perde o seu ego hominal — mas quem está disposto a perder (supostamente) o seu ego hominal, a fim de ganhar o Todo Cósmico, verifica, com exultante surpresa que, ganhando o Todo Cósmico, ganhou também o ego hominal que estava disposto a perder. De fato, ninguém pode perder a parte se salvar o Todo, mas, se perder o Todo para ganhar a parte, perde tanto o Todo como a parte.

Quem quiser salvar o 10 sacrificando o 100, perde esse 100 que sacrificou, e perde também o 10, que é parte integrante do 100, e não se pode salvar, se o 100 se perder.

É esta a sabedoria de todos os mestres da humanidade, sobretudo do Cristo. Verdade, lógica, filosofia, metafísica, mística, sabedoria, matemática — tudo isto não é, em última análise, senão a voz da própria Realidade. Tudo é pura matemática. O radical da palavra grega "mathematica" é "mathetein", que quer dizer "apreender" ou também "aprender", correspondente ao verbo latino "discere", cujo substantivo abstrato é "disciplina", e ao substantivo concreto "discípulo". Matemática é, pois, disciplina mental ou espiritual; o matemático é o discípulo, o *mathetés*, como são chamados no Evangelho os discípulos do Cristo. Discípulo, *mathetés*, é o aprendiz (ou apreendedor), aquele que aprende (ou apreende) a Realidade, da qual o mestre é o catalisador. O mestre não pode dar ao discípulo a

Realidade, mas pode catalisar, isto é, despertar no discípulo a Realidade dormente; a aura, os fluidos, a graça, a vibração do mestre podem despertar no discípulo aquilo que nele está dormindo, suposto que o discípulo esteja em condições de ser acordado – "quando o discípulo está pronto, então o mestre aparece".

A Verdade é a matemática, a disciplina entre o homem pensante e a Realidade Cósmica por ele pensada.

Isto também se chama *lógica*. Quando o meu *lógos*, ou pensamento, coincide com a Realidade, eu penso com lógica; quando o meu *lógos*, ou pensamento, não coincide com a Realidade, eu penso sem lógica.

Para que o homem sinta bem-estar, deve ele cosmificar-se, harmonizar o seu ego-ciente com o cosmo-consciente.

Quando o homem entra na cosmo-consciência, ou na cosmo-sapiência, identifica-se com a *cosmosofia*, a sapiência universal. E, neste caso, não necessita de *cosmoterapia*, nem de terapia ou cura de espécie alguma.

A cosmosofia garante perfeita saúde em todos os setores.

A *terapia* só tem cabimento onde não há *sofia*, ou sapiência.

O homem *cosmo-sapiente* tem perfeita saúde, na alma, na mente e no corpo.

Logoterapia e Cosmoterapia

Victor Frankl é o campeão da logoterapia. O que ele diz, sobretudo no seu livro *Terapia das neuroses*, apresentando a logoterapia e a introdução à análise existencial, ultrapassa e complementa tudo quanto, até agora, fizera a psicoterapia. O *Lógos* mental racional é mais poderoso que a *Psyché* vital.

Joel Goldsmith, de Honolulu, usa o mesmo processo de logoterapia, que ele chama "A arte de Curar pelo Espírito". Frankl é médico, Goldsmith foi um simples negociante, que, quase à sua revelia, se tornou curador.

Ambos, porém, usam o mesmo processo fundamental: evocam, das profundezas do homem, um poder real, mas, geralmente, dormente e desconhecido; e esse poder interno do homem, uma vez acordado, neutraliza os males.

Séculos atrás, dizia Paracelsus: "As doenças vêm da natureza, mas a cura vem do espírito", entendendo por natureza o homem-ego, e por espírito o homem-Eu.

Frankl, como médico, cientista e psiquiatra, prepara o doente e o torna receptivo para a *realidade benéfica* do *Lógos*, que neutraliza as *facticidades maléficas*, chamadas doenças.

Em Goldsmith observamos o fenômeno estranho de que o poder focalizado no próprio curador é que cura o doente, sem que o doente preste a sua cooperação. A cura se dá a qualquer distância, instantaneamente, sem que o veículo curador conheça sequer o nome do doente ou da doença. Aliás, Goldsmith insiste em asseverar que não é ele que cura, mas é unicamente a Consciência Infinita que, através dele, atua como por um canal finito.

Pouco importa a diversidade do procedimento terapêutico; todos admitem duas coisas como base e ponto de partida:

1) que existe no homem uma *realidade* positiva, sadia, benéfica, que não é atingida pelas facticidades negativas, doentias, maléficas;

2) que as *facticidades* negativas do homem, chamadas doenças ou males em geral, podem ser influenciadas positivamente por aquela realidade benéfica e, se assim acontecer, a realidade benéfico-positiva neutraliza as facticidades maléfico-negativas.

Com outras palavras: o *Real* realiza o *Factual*. E como o Real é benéfico, beneficia o Factual maléfico. A luz lucifica as trevas; mas as trevas não entrevam a luz.

O problema da logoterapia está em como fazer atuar o Real positivo da saúde sobre o Factual negativo da doença; como produzir um impacto ponderável da luz sobre as trevas, do bem sobre o mal, do positivo sobre o negativo.

E é aqui que entra em cena a misteriosa palavra *consciência*, ou *conscientização*. A palavra *consciência* ou *consciente* é composta do radical *ciência* ou ciente e do prefixo *com*, que denota relação ou companhia. A consciência é, pois, uma relação entre dois, entre um *cognoscente* e um cognoscível (ou *cognoscido*, conhecido).

Quem se torna consciente de algo, lança uma espécie de ponte, estabelece um vínculo entre o sujeito cognoscente e o objeto cognoscível; em nosso caso, entre o homem Finito e o Infinito.

O Infinito está presente em todos os Finitos, assim como a Vida está presente em todos os Vivos.

Mas, a simples presença objetiva do Infinito no Finito não é consciência; é necessário que o homem, no qual o Infinito está, se torne ciente dessa presença, que seja subjetivamente *consciente* dessa Realidade Infinita, que está objetivamente presente.

A solução do problema está, pois, na *consciência da presença*. O homem deve sentir, viver, vivenciar a Realidade da presença do Infinito nele — deve ter a *consciência* desta presença.

Esta consciência ou conscientização nítida da presença da Realidade Infinita no homem é que é a base da logoterapia.

A Realidade Infinita presente no homem, embora em forma finita, é o *Lógos*; a consciência da presença do *Lógos*, quando profundamente vivida, canaliza as águas vivas dessa Fonte através dos canais idôneos. Pode o ego produzir os males, mas somente o Eu pode criar o bem; e, em face do bem, não há males, assim como na presença da luz não existem trevas.

É inútil lutar contra as trevas do mal — é necessário e suficiente acender a luz do bem.

Na logoterapia não se trata de *invocar* algum poder externo, algum Deus de fora, para que a sua presença benéfica neutralize os poderes maléficos. Quase toda a humanidade chamada cristã, espiritual, crente, vive, há séculos, praticando essa invocação de um poder ausente e transcendente — e os males continuam porque a ilusão continua...

O que é necessário, e também suficiente, é *evocar* um poder interno, presente, sempre-presente, embora geralmente ignorado e, por isso mesmo, inoperante. Essa evocação do poder presente não tem a função de combater e derrotar outro poder, contrário, porque não existem poderes no plural; só existe um único poder, no singular, e esse poder é bom e benéfico. Onde há luz não há necessidade de combater as trevas, porque a treva inexiste onde a luz existe, a treva está ausente onde a luz está presente. Portanto, nada há que negar, combater, derrotar — basta afirmar, conscientizar, viver plenamente a realidade positiva e benéfica — e não há nenhuma realidade negativa e maléfica.

Não basta, todavia, a simples presença objetiva desse poder positivo no homem; não é a sua simples presença como tal que liberta o homem dos seus males — é necessário e indispensável que o homem tenha plena, pleníssima consciência da presença desse poder bom dentro de si. É essa consciência da presença do poder bom no homem que produz o efeito benéfico em sua vida.

Conscientizar intensamente a presença do único poder real e positivo — eis a chave mágica para neutralizar todos os males, que não passam de ausências, e não são presença. Presença é somente o bem, e onde há presença não há ausência; onde há luz não há trevas; onde há positivo não há negativo.

Por mais espessas que sejam as chamadas trevas numa sala, na presença da plenitude da luz desaparecem todas as trevas; não há motivo nenhum para combater as trevas, varrendo-as para fora, ou matando-as com a espada. Não se pode varrer nem matar a ausência — basta chamar a presença, e a ausência acabou. A luz é, por sua natureza, lucificante; basta que a deixemos agir de acordo com a sua própria natureza — e tudo é luminoso. Não há possibilidade de coexistência entre luz e treva.

De modo análogo, em se tratando de logoterapia, não é necessário combater, destruir alguma coisa real, porquanto o negativo e irreal não é alvo de hostilização, por ser inexistente em si, embora o nosso ego ilusório lhe dê uma pseudoexistência, que atua como se fosse uma verdadeira existência, enquanto o ego ilusório exerce o poder da sua ilusão.

Toda e qualquer tentativa de debelar o mal por meio duma luta direta é ridículo dom-quixotismo, lembrando a luta que o famoso cavaleiro de triste figura travou, uma noite, contra um suposto regimento inimigo — e de manhã, inspecionando o campo de batalha, viu que lutara contra moinhos de vento, isto é, contra um inimigo imaginário, inexistente na realidade e pseudoexistente apenas na imaginação de Dom Quixote.

O nosso ego é visceralmente dom-quixotesco, e esse dom-quixotismo se perpetua através de séculos e milênios. Os pseudo-males nos atormentam unicamente porque o nosso ego dom-quixotesco os considera como males reais. E, sendo que "o homem é aquilo que ele pensa no seu coração", como diz a Bíblia, ele é vítima de males porque assim pensa e crê no seu coração. "Eu sou livre de tudo o que sei — escreve Spinoza — mas sou escravo de tudo o que ignoro." Enquanto o homem ignora a verdade sobre si mesmo, é ele vítima e escravo desta sua ignorância. "Conhecereis a Verdade — disse o maior dos Mestres — e a Verdade vos libertará."

* * *

De acordo com os modernos, usamos o termo "logoterapia".

Entretanto, seria talvez preferível dizer *cosmoterapia*. Entendemos por cosmo o Universo em toda a sua inteireza e integridade, tanto no seu *fator Uno* como no seu *fator Verso*, tanto na sua *Realidade causante* (Uno) como nas suas *Facticidades causadas* (Verso). Esse *Uno* da *Essência* manifestado no *Verso* das *Existências* é que denominamos Universo ou Cosmo.

Universo ou Cosmo é, pois, a síntese do Real e do Factual, da Essência e das Existências, do Infinito e dos Finitos.

Ora, o que se dá no *macrocosmo sideral*, isto também acontece no *microcosmo hominal*: tanto aqui como lá, o Uno atua através dos Diversos, o Real se revela pelos Factuais.

Se houvesse apenas o Uno sem o Verso, teríamos monotonia.

Se houvesse Verso sem Uno, teríamos caos.

Mas, como o Universo é Uno no Verso, unidade na diversidade, estamos diante duma grandiosa harmonia.

Nem monotonia unitária.

Nem caos diversitário.

Mas harmonia universitária, univérsica, cósmica.

Essa harmonia univérsica, resultante da unidade na diversidade, é o característico de todos os reinos da natureza mineral, vegetal, animal.

Com o advento do homem — inicialmente, do homem-ego — apareceu, no cenário cósmico, novo ator — apareceu o fenômeno estranho e misterioso que chamamos consciência ou livre-arbítrio.

Que é livre-arbítrio?

Livre-arbítrio, disse alguém, "é o poder de ser causa própria".

Livre-arbítrio não é *determinismo* nem *indeterminismo* — é *autodeterminação*. Não é ausência de causalidade (indeterminismo), mas presença de uma causalidade *interna*, em vez de uma causalidade *externa* (determinismo).

Autodeterminação é um fator determinante; *alo-determinismo* é um fato determinado.

Fora da zona hominal, todos os seres obedecem a um *poder alheio*, a uma causação extrínseca; tudo é alo-determinado, nada é autodeterminante.

Somente na zona hominal há *poder próprio*, causação intrínseca, autodeterminação; em vez da heteronomia do mundo infra-hominal, temos a autonomia do mundo hominal.

Acontece, porém, que nesse primeiro estágio de homificação, que é o homem-ego, o livre-arbítrio assume caráter separatista, hostil, anticósmico; o homem-ego, sentindo-se autônomo, se considera desligado do *Uno* e tenta proclamar um *Verso* separado, independente do grande Todo Cósmico. O homem-ego, consciente e livre, diz ao Cosmo: o meu ego deixou de ser uma peça da grande máquina cósmica e se constituiu em uma entidade independente! Eu, o ego, sou uma nova máquina cósmica — eu sou o cosmo! Tudo me deve servir!

Esta atitude que o ser hominal assume, na origem da sua homificação consciente (ou semiconsciente), é o célebre "pecado original", o erro da origem do homem-ego, do qual só o poderá redimir um poder superior, que é o homem-Eu.

Se há no homem um elemento *luciférico*, então é o seu semiconsciente livre-arbítrio.

Se há no homem um fator *crístico*, então é o seu pleniconsciente livre-arbítrio.

No presente estágio evolutivo, o grosso da humanidade se acha no plano do homem-ego.

Mas, como o homem-Eu dormita nas profundezas do homem-ego — assim como a planta dorme na semente —, existe a possibilidade de evocar o homem-Eu das profundezas do homem-ego, e assim fazer brilhar a luz do bem nas trevas do mal.

E é precisamente neste processo que consiste a logoterapia, que, neste caso, assume o caráter integral de cosmoterapia.

Os grandes gênios da humanidade, como Moisés e Gautama, o Buda, indicaram isto em seus escritos: o homem-Eu, que é o homem cósmico, existe implicitamente no homem-ego; mas, enquanto este se acha em consciência *explícita*, e aquele dorme incubado em consciência *implícita*, os males que vêm do homem-ego imperam sobre o bem, que é o homem-Eu. Durante o período do ego eclodido e do Eu incubado, "o mundo jaz no maligno", no dizer da Bíblia; "o príncipe deste mundo tem poder sobre vós, mas sobre mim ele não tem poder, porque já venci o mundo", como diz o representante máximo do homem-Eu, o chamado "filho do homem".

A cosmoterapia evoca o homem-Eu das profundezas do homem-ego, opera uma eclosão do Eu após sua longa incubação.

Os três níveis do universo existencial

Para efeitos de maior clareza, vamos considerar o Universo Existencial em três níveis ou planos de consciência, a saber:

— inconsciente,

— semiconsciente,

— pleniconsciente.

1 — O plano inconsciente (ou subconsciente) do Universo é representado pela chamada Natureza infra-hominal — mineral, vegetal, animal. Nesse nível reina uma harmonia mecânica, automática, instintiva, entre os efeitos vários e a causa única, entre os Finitos e o Infinito. A Natureza é comparável a um disco de gramofone, que toca com infalível certeza e fidelidade a música gravada nas suas espirais, nem uma nota a mais nem uma nota a menos: tem 100% de segurança e 0% de liberdade. Na Natureza impera, por assim dizer, uma linha única, perfeita consonância entre causa e efeito, entre fonte e canais; tudo é *unilinear*, porque falta o fator liberdade, fenômeno esse que, mais tarde, viria originar a estranha bifurcação *plurilinear*.

Reina, no plano da Natureza pré-hominal, uma *harmonia inconsciente*, que não carece de cura ou terapia.

2 — Vamos agora passar desse nível inconsciente para o nível pleniconsciente, deixando para o fim o plano intermediário semiconsciente. Tanto o plano semiconsciente como o pleconsciente são representados, aqui na Terra, pelo fenômeno "homem", seja do homem-ego, seja do homem-Eu.

Com o aparecimento do homem surge, no cenário terrestre, um fenômeno totalmente inédito e desconhecido antes do seu advento — surge o fator "liberdade" ou "livre-arbítrio", certamente o maior enigma da filosofia, da psicologia e da religião. Negar simplesmente a existência da liberdade hominal, como pretendem certos autores, não solve o problema. É inegável que o fenômeno liberdade existe no mundo hominal e forma uma linha divisória entre o homem e a natureza infra-hominal.

Liberdade não é indeterminismo, em oposição ao determinismo da natureza inferior. Liberdade é autodeterminação, ou, como disse alguém, é "o poder de ser causa própria", é a faculdade de ser senhor do seu agir, em vez de ser escravo dele, o poder de ser causante ativo em vez de simples causado passivo, de ser autodeterminante em vez de alo-determinado.

Liberdade não é ausência de causalidade, mas é a presença de uma causação interna, própria, autônoma; é a potência de ser causante, e não a impotência de ser causado.

Na sua longa jornada evolutiva passa o homem por dois estágios de consciência ou liberdade. No princípio do seu estado hominal é o homem semiconsciente e semilivre; pouco a pouco, se torna mais consciente e mais livre, até culminar na pleniconsciência e pleniliberdade.

Para designar o homem semiconsciente e semilivre usamos a palavra latina *ego*. Para o homem pleniconsciente e plenilivre empregamos o termo português *Eu*.

A natureza inconsciente, como dizíamos, se acha em perfeita harmonia com sua fonte infinita, como o grande UNO, embora essa harmonia seja inteiramente automática e inconsciente. Por outro lado, também o homem pleniconsciente está em perfeita harmonia com o Uno Infinito, mas a sua harmonia é espontânea e livre.

Dessa dupla harmonia — a da natureza e a do homem-Eu — nasce uma fascinante simbiose ou convivência natural-espiritual. Há grande afinidade entre a ordem natural e a ordem espiritual. Todo homem espiritual é natural — embora nem todo o ser natural seja espiritual.

3 — Entremos agora na zona penumbral do homem-ego, que vive no plano semiconsciente. É esta a única zona responsável pelos males da humanidade.

Por que é o homem-ego o único responsável pelos males?

Pelo fato 1) de ser consciente e 2) de não ser pleniconsciente.

Se o homem fosse totalmente inconsciente, como o mundo infra-hominal, não seria autor de maldades, nem vítima de males.

Se o homem fosse pleniconsciente, como o homem-Eu, não seria autor de maldades, embora fosse ainda, por ora, vítima de males, males oriundos de maldades alheias.

Mas o homem, no estágio atual da sua evolução, é semi-consciente, e por isto autor de maldades e vítima de males. Já não se move na treva total da meia-noite do inconsciente, nem ainda atingiu a luz total do meio-dia do pleniconsciente — mas tateia na dúbia penumbra matutina do semiconsciente.

O homem-ego saiu da ignorância ou *insciência* da natureza, mas não atingiu ainda a *sapiência* do Eu — movendo-se na *ciência* do ego.

E o homem considera esse seu ego como sendo a sua verdadeira realidade; vive na sua ego-ilusão, ainda longe da Eu-verdade. A verdade ainda não o libertou da inverdade, e esta inverdade é a fonte das suas maldades e dos seus males.

Todas as maldades e subsequentes males do homem nascem nessa zona penumbral da sua *ciência semiconsciente*, desse misto de treva e luz.

O homem-ego não é nem *Treva* nem *Luz* — mas apenas um *Lúcifer*, isto é, um porta-luz.

O inconsciente é Treva. O pleniconsciente é Luz.

O semiconsciente é Lúcifer.

Treva é inconsciência.

Penumbra é ciência.

Luz é sapiência.

Os sentidos são treva, insciência.

A inteligência é penumbra, ciência.

A razão (espírito) é luz, sapiência.

Na filosofia oriental, as trevas dos sentidos são chamadas *tamas*; a penumbra da inteligência é chamada *rajas*, e a luz da razão é apelidada *sattva*.

Maya, a natureza infra-hominal, é a zona de *tamas*.

Aham, o homem-ego, vive no *rajas*.

Atman, o homem-Eu, atingiu as alturas de *sattva*.

Maldades e males só existem na zona de *aham* ou ego. E enquanto o homem-ego não superar esse plano e passar para as alturas do homem-Eu, não haverá uma definitiva abolição de males.

A cura dos males humanos tem que vir, pois, com o processo

evolutivo do homem, com a entrada em nova dimensão de consciência. Enquanto o homem se identificar com o seu ego, ele será autor de maldades e vítima de males.

Somente a verdade — isto é, a consciência da sua realidade Eu — é capaz de libertar o homem das suas maldades e dos males subsequentes.

No dia e na hora em que o homem conscientizar firmemente "Eu sou o meu Eu real, central, infinito" — deixará ele de ser autor de maldades.

E, se toda a humanidade conscientizar esta verdade, também cessarão os males.

"E haverá novo céu e nova terra..."

"E o reino de Deus será proclamado sobre a face da terra..."

Cosmosofia e Cosmoterapia

A Filosofia Univérsica ou Cósmica pode denominar-se também *Cosmosofia*, ou seja, Sapiência Cósmica.

Se o homem possuísse sapiência cósmica, não necessitaria de *Cosmoterapia*, cura pelo cosmo, porque nada haveria que curar. O homem cosmificado seria um homem integralmente são e sadio, na alma, na mente, no corpo. O Universo é a fonte de todos os bens.

Quando o homem necessita de terapia ou cura, é porque não está harmonizado com o cosmo, a fonte dos bens; o seu "verso" finito não está em perfeita sintonia com o "uno" infinito. Ou, em linguagem de moderna psicologia, o *homem-ego* não está em sintonia com o *homem-Eu*, entendendo-se pelo *homem-Eu* a forma individual do Cosmo Universal. Devido a esta dissintonia pode haver *maldades* e *males* no *homem-ego*. A maldade, resultante do abuso do livre-arbítrio do homem-ego, é a causa dos males, que são o efeito ou consequência da maldade.

A maldade livremente cometida acarreta males necessariamente consequentes — é esta a grande lei do *karma*, de causa e efeito.

Os males (sofrimentos) são a sanção ou reação cósmica contra a maldade do homem-ego. Pode o homem opor-se ao cosmo, graças a seu livre-arbítrio (imperfeito), mas, uma vez estabelecida essa desarmonia entre o ego e o cosmo, é inevitável a reação deste contra aquele. Esta reação cósmica contra o ego é o mal, o sofrimento, a doença, a morte, em todas as suas formas.

Desta filosofia cósmica temos um esboço no *Gênesis* de Moisés, que viveu cerca de um milênio e meio antes de Cristo.

Seis séculos antes da era cristã, elaborou Gautama Siddhartha, o Buda, as "Quatro Verdades Nobres", sobre a origem e o fim do sofrimento.

Pelos meados do primeiro século da nossa era, proclamou Paulo de Tarso essa mesma verdade, nas regiões do Oriente Médio e no sul da Europa, afirmando que a morte é fruto do pecado.

Enquanto houver egoidade anticósmica haverá males. E ainda que o homem individual deixe de cometer maldade, os males continuarão sobre a face da terra, enquanto a humanidade coletiva continuar a praticar maldades.

A maldade de todos é o mal de cada um.

O débito coletivo da humanidade é o sofrimento individual de cada homem.

Verdade é que o homem individual não pode herdar a maldade coletiva, mas pode sofrer o mal individual que a maldade coletiva semeou.

O homem colherá o que a humanidade semeou.

A humanidade jaz no maligno, afirma a Bíblia.

O príncipe deste mundo — diz o divino Mestre —, que é o poder das trevas, tem poder sobre vós.

Enquanto a humanidade continua a jazer no maligno, cometendo maldades; enquanto o príncipe deste mundo, a egoidade anticósmica, mantiver essa sua atitude maléfica, não deixará de haver males para o homem individual, porque a solidariedade do gênero humano é um fato, não só no bem, mas também no mal. "Se um único homem — escreve Mahatma Gandhi — chegar à plenitude do amor, neutralizará o ódio de muitos milhões." Inversamente, poderíamos acrescentar: Se um único homem descer às profundezas da maldade, fará mal a muitos milhões. E ainda: Se milhões de homens praticam maldades, fazem mal a muitos homens, suposto que estes não se tenham imunizado devidamente contra o impacto das maldades alheias.

Só deixará de haver sofrimento individual quando a humanidade coletiva deixar de praticar maldades.

O homem individual, vítima de males provindos da maldade coletiva, é chamado pelo Cristo "filho de mulher". Por "mulher" entende ele o organismo materno da humanidade coletiva. O homem comum, seja profano, seja místico, é um homem *seminato*, mas não um homem *pleninato*; é "filho de mulher", e não "filho do homem". Quando uma criança deixa o organismo materno, mas ainda continua presa a este por meio do cordão umbilical, através do qual recebe o sangue vitalizante da mãe, é ela apenas seminata. Só depois de cortado o cordão umbilical, é que a criança é pleninata, possui vida autônoma, independente do organismo materno.

O homem comum é "filho de mulher", prole da humanidade coletiva, no sentido de não ter ainda nascido plenamente, de não possuir ainda autonomia total, de não ser ainda um pleni-Eu, porque ainda ligado à egoidade maléfica da humanidade que "jaz no maligno". O sangue da humanidade flui ainda nas artérias do homem comum, seja profano, seja místico. Verdade é que o homem espiritual, místico, santo, não é mais autor de maldades, como o homem profano e pecador, mas, devido à sua seminascença, continua a ser afetado pelos males dos maus, porque sofre a solidariedade maléfica do organismo materno da humanidade pecadora; o sangue da humanidade-ego continua a circular nas veias desse homem seminato. Livre de maldades próprias, continua ele a sofrer os males das maldades alheias, a pagar as dívidas dos outros.

A *identidade* desse homem, diria Bergson, não passou ainda a uma completa *alteridade*. Ele é ainda semi-identificado com a humanidade-ego, e por isto ainda é "filho de mulher". "Filho do homem" seria o homem que vivesse a sua *total alteridade*, a sua pleninascença, a sua perfeita autonomia espiritual, à luz do Eu crístico.

O homem místico, poderíamos dizer, é como um avião que saiu do hangar e está correndo na pista do aeroporto, tentando decolar — mas ainda está preso à terra pela lei da gravidade universal; mesmo correndo na pista, continua sujeito a essa tara, que tenta neutralizar. Só depois de decolar e voar livremente no ar é que o avião se sente impelido por uma força centrífuga, antigravitacional. Esse avião no ar seria comparável ao homem cósmico, ao "filho do homem"; no hangar e na pista, é ele ainda "filho de mulher", da mãe-terra, vítima da tara da gravidade. No hangar é ele non-nato; na pista é seminato; só no ar é pleninato.

Enquanto o avião está parado no hangar, poderia ele ignorar a sua gravidade terrestre; mas, quando começa a correr na pista, verifica a luta entre a gravidade da atração terrestre e a força de repulsão das turbinas ou hélices rumo às alturas. De modo análogo, pode o homem totalmente profano ignorar a sua profanidade; mas o homem que iniciou a sua carreira espiritual sabe como é difícil decolar rumo às alturas — ou melhor, "descolar", descolar-se das coisas da terra, à qual o ego o "cola" tão firmemente, de maneira que a "descolagem" é sumamente dolorosa. O velho ego é mesmo um "cola-tudo".

O homem que, de seminato, passasse a ser pleninato, deixaria de sofrer *compulsoriamente* os males pelas maldades alheias — mas poderia, se quisesse, sofrer esses males *voluntariamente*. Sofreria, não por *anánke* (necessidade), mas por *agápe* (amor, liberdade). O alo-determinismo dos sofredores compulsórios se transformaria na autodeterminação do sofredor espontâneo, como aconteceu no caso de Jesus, o Cristo, o único "filho do homem" que até hoje apareceu sobre a face da terra.

João Batista, segundo o testemunho do Nazareno, é o maior dentre os "filhos de mulher", mas ele mesmo, o "filho do homem", é maior do que o maior dentre os filhos de mulher. A expressão "filho do homem" aparece 82 vezes nas páginas do *Novo Testamento*, e sempre aplicada exclusivamente ao Cristo.

"Filho do homem" significa, pois, o homem plenamente realizado, o homem cósmico, o homem integral, perfeito na alma, na mente e no corpo.

Pode o "filho do homem", como dizíamos, sofrer espontaneamente os males, mas não os sofre obrigatoriamente; sofre por *querer*, e não por *dever*. Podem os outros sofredores sofrer com resignação, mas não sofrem voluntariamente. João Batista não foi degolado por querer; Paulo de Tarso não sofreu morte violenta por sua livre escolha; Francisco de Assis não morreu de tuberculose por querer; Mahatma Gandhi não foi assassinado por sua livre vontade; Ramana Maharishi não morreu de câncer porque quisesse; John Kennedy, Luther King e outros não foram mortos por querer, mas por dever, pelo querer dos outros. A sua espiritualidade não os preservou de sofrimentos e morte compulsória, porque todos eles, mesmo os mais espiritualizados, continuavam a ser, como João Batista, "filhos de mulher", seminatos.

O único "filho do homem" que conhecemos não sofreu compulsoriamente; sofreu, não por *anánke* (necessidade), mas por *agápe* (amor); e ele insiste em frisar esta plena liberdade do seu sofrimento e da sua morte; "Ninguém me tira a vida: eu deponho a minha vida quando eu quero, e retomo a minha vida quando eu quero". Quantas vezes quiseram seus inimigos matá-lo, apedrejá-lo, mas não o conseguiram, porque ele não o permitia — ainda não era chegada a sua hora.

Podem os sofredores compulsórios funcionar como semi-redentores da humanidade devedora — mas somente o sofredor espontâneo é um plenirredentor — precisamente por ser um plenirredento.

* * *

Voltando ao nosso ponto de partida: a verdadeira cosmosofia liberta o homem de qualquer maldade. Se a humanidade coletiva praticasse cosmosofia, toda ela seria liberta de maldades e, consequentemente, também seriam todos os homens libertos de males. O reino dos céus seria proclamado sobre a face da terra; haveria um novo céu e uma nova terra, segundo as palavras misteriosas do *Apocalipse*.

E, neste caso, nenhuma terapia teria cabimento. A vitória da *cosmosofia* tornaria supérflua a *cosmoterapia*.

Por enquanto, a cosmosofia só poderá libertar o homem das maldades livremente cometidas.

É este o primeiro passo, importante, que a cosmosofia pode realizar, e que está ao alcance de cada um de nós. A Filosofia Univérsica pode levar o homem a uma perfeita harmonia ou sintonização com o cosmo, com o grande UNO, com a alma do Universo, que as religiões chamam Deus. Quando o “Verso” do homem-ego estiver sintonizado com o “Uno” do homem-Eu, então cessará a maldade e, se essa cessação for total, cessarão também os males.

O impersonalismo da lei universal

Quando o homem se convence de que Deus é a Lei, Lei Única e Universal, que opera com infalível precisão e absoluto impersonalismo — então conquista ele uma posição segura, que o fará compreender o princípio da cosmoterapia.

Milhares de homens piedosos pensam que Deus tenha os seus favoritos, aos quais concede graças especiais, enquanto outros, não favoritos, ficam esquecidos ou menos agraciados.

A diferença não vem da Lei — a diferença vem unicamente da atitude que o homem assume em face da Lei. Uma plantinha no fundo dum subterrâneo não recebe os benefícios da irradiação solar, ao passo que outra planta, na superfície da terra, é beneficiada — mas a diferença não vem do sol, e sim da atitude diversa das duas plantas.

Quando um sábio abre a chave da luz elétrica, acende-se a lâmpada — e a mesma luz também se acende quando um ignorante abre a chave.

Quando um santo aperta o botão do elevador, este sobe e para no respectivo andar do edifício — e a mesmíssima coisa acontece quando um pecador aperta o botão.

O princípio da luz e da força está na usina — e é aplicado tanto por sábios e santos como por ignorantes e celerados.

Quando um doente cristão, de qualquer Igreja ou seita, liga a sua consciência individual com a Consciência Universal, recebe saúde — e quando um pagão, um judeu, um muçulmano estabelecem o mesmo contacto entre sua consciência individual e a Consciência Universal, recebem saúde.

A Lei Universal atua universalmente — basta que o indivíduo preencha certas condições para pôr em ação a Lei Universal.

Na natureza infra-humana, essas condições estão automaticamente preenchidas pelo instinto infalível, e por isto a Lei Universal não pode deixar de funcionar.

No homem, porém, a linha única da natureza se bifurcou em duas linhas, o estado *neutro* se converteu em *positivo* ou *negativo*; o ser hominal, graças ao seu livre-arbítrio, pode harmonizar e pode não harmonizar com a Lei Universal. É este o privilégio e o perigo do livre-arbítrio.

O homem pode estabelecer contacto com a Usina da Vida e da Saúde — e pode também estabelecer descontacto. Quando o homem estabelece contacto consciente e livre com a Fonte da Vida e da Saúde, recebe luz, força e movimento — quando estabelece descontacto, não recebe luz, força, nem movimento.

O homem-ego, nesta primeira fase ainda imperfeita da sua humanidade, pode estabelecer esse contacto e esse descontacto com a Usina ou a Fonte do Bem. E como o ego é visceralmente separatista, egocêntrico, a atitude comum do homem-ego é esse separatismo.

Dizemos "separatismo", e não separação, para indicar que esse estado do ego é uma creação subjetiva, meramente ilusória, mas que o homem-ego considera como sendo a verdade.

A verdade é a união.

A ilusão é o separatismo.

Da verdade vem o bem, a vida, a saúde.

Da ilusão vem o mal, a morte, a doença.

A doença nasce, pois, da ilusão do separatismo — e, enquanto persistir no homem essa ilusão, não pode haver uma cura radical, embora o ego possa tentar remover os sintomas do mal.

O homem-ego possui uma semiconsciência da verdade, que o torna capaz de ilusão separatista, e da consequente doença — mas não possui a pleniconsciência da verdade, pela qual seria ele capaz de abolir a doença.

"Conhecereis a Verdade, e a Verdade vos libertará" — nestas palavras do maior curador de todos os tempos vem enunciado o princípio básico de toda a terapia. Vida e saúde são compatíveis com a Verdade — e são incompatíveis com a ilusão.

A ilusão nos sujeita aos males.

A Verdade nos redime dos males.

"Eu e a Fonte somos um; a Fonte está em mim, e eu estou na Fonte" — quem é capaz de conscientizar intensamente esta verdade se liberta de todos os males, porque na Fonte não há males; e a conscientização "a Fonte está em mim" faz fluir o conteúdo da Fonte através dos canais conscientizantes.

A semiconsciência do ego é uma *intermitência* de luz e treva — mas a pleniconsciência do Eu é uma *permanência* de luz sem treva.

"O homem é assim como ele pensa no seu coração" — estas palavras da Sagrada Escritura definem exatamente a origem do bem e do mal: a vida do homem é o resultado dos seus pensamentos habituais, sobretudo quando esses pensamentos são "do seu coração", isto é, onerados de emotividade, positiva ou negativa; quem pensa com temores em doença, cedo ou tarde ficará doente; quem pensar com amor em saúde, terá saúde.

O Eu pleniconsciente afirma Realidade, Vida, Saúde, Prosperidade.

O ego semiconsciente oscila entre afirmação e negação, ora afirmando Facticidade positiva (saúde), ora afirmando Facticidades negativas (doença).

A estabilização definitiva da consciência na verdade redime o homem da oscilação instável entre luz e treva, verdade e ilusão, saúde e doença, firmando-o somente na saúde. Afirmar é firmar e confirmar.

"Eu afirmo a soberania do meu Eu divino sobre todas as tiranias dos meus egos humanos."

"Eu já venci o mundo."

O mistério do livre-arbítrio

Muitos representantes da chamada "ciência exata" negam a realidade do livre-arbítrio, afirmando que, num Universo regido por leis férreas e imutáveis, não há lugar para o fenômeno da liberdade, que, segundo eles, seria *indeterminismo*, incompatível com um cosmo governado por um *determinismo* absoluto e universal.

Determinismo é causalidade.

Indeterminismo seria não-causalidade.

Na zona do suposto indeterminismo ou livre-arbítrio, haveria algo como não-causalidade, um feito sem causa, quando o cosmo é uma imensa cadeia de causa e efeito, uma concatenação infalível de um precedente causante e de um consequente causado. O indeterminismo do livre-arbítrio seria, segundo esses cientistas, um efeito sem causa, o que é anticósmico e, portanto, inadmissível.

Respondemos que o livre-arbítrio não é indeterminismo, efeito sem causa, mas é *autodeterminação*, em vez de *alo-determinismo*. O livre-arbítrio, disse alguém, é o poder de ser causa própria. No setor do determinismo (ou alo-determinismo) tudo depende de uma causa ou causação alheia, externa — ao passo que na autodeterminação, ou liberdade, atua uma causa própria, interna; o ser livre é um *autoagente*, e não mais um *alo-agido*; um autocausante, e não mais um alo-causado. A substância do *autós* libertou das circunstâncias escravizantes do *álos*.

No ser livre há uma *substância autoagente*, que o liberta das *circunstâncias alo-agidas*. Nos seres não livres não há consciência de uma substância central autocausante, há tão-somente circunstâncias periféricas alo-causadas.

Em vista disto escreveu, séculos atrás, o grande Spinoza, que há no Universo uma única *substância*, que se manifesta em muitas *circunstâncias*, o único UNO que se revela através de muitos VERSOS — UNI-VERSO. Ou, na linguagem desse monista cósmico, "Deus é a alma do Universo, e o Universo é o corpo de Deus". Alma corresponde à ideia de causa, uno, corpo, significa efeito, verso. O Universo é um sistema de *causa una* que atua através de *efeitos múltiplos*, Essência Infinita manifestada em Existências Finitas.

Liberdade, em sentido absoluto, total, perfeito, é idêntica a essa Causa Una e Única. Quando um ser finito se torna *consciente* da presença dessa Causa Una então este ser participa da liberdade do Ser Absoluto, e se torna livre por participação, livre na medida da sua consciência ou conscientização.

Podemos, pois, afirmar que tanto mais livre é um ser finito quanto mais consciente ele for da presença do Ser Infinito em si. A participação na liberdade do Ser Infinito por parte de um ser finito está na razão direta da consciência que esse ser finito tem da presença do Ser Infinito.

É inegável, como já dissemos alhures, que a Realidade Infinita está em todas as Facticidades Finitas, uma vez que a Realidade Infinita é onipresente, é Presença Universal, sem nenhuma ausência parcial. Mas não é o fato objetivo da presença da Realidade Infinita que torna livre o ser finito; se assim fosse, toda a natureza infra-hominal — mineral, vegetal, animal — seria livre, uma vez que nela está presente a Realidade Infinita. Entretanto, o que gera a liberdade não é a presença objetiva da Realidade Infinita, mas, sim, a *consciência subjetiva* que um ser tenha dessa presença.

O grau de liberdade é diretamente proporcional ao grau de consciência que um ser finito tem da presença do Ser Infinito. Se esse grau de consciência for zero, a liberdade do ser é igual a zero; se o grau de consciência for 10, a liberdade desse ser é 10; se seu grau de consciência relativamente à presença da Realidade Infinita for 100, então a liberdade desse ser é igual a 100.

A evolução ascensional de um ser, digamos do homem, consiste, pois, essencialmente na evolução do seu consciente relativamente à presença da Realidade Infinita nele. Com outras palavras: a perfeição de um ser consiste no grau de harmonia entre o *consciente finito* e a *Realidade Infinita*. Esta harmonia entre o consciente e a Realidade também se chama "Verdade". E é por isto que o maior sábio que a humanidade conhece disse:

"Conhecereis a Verdade, e a Verdade vos libertará".

A minha harmonia consciente entre o meu Finito e o Infinito me liberta de toda a escravidão de alo-determinismo, e me introduz na perfeita liberdade da autodeterminação.

Libertação é, pois, a conscientização da Realidade — que se chama Verdade.

A maior ou menor harmonia entre minha consciência humana e a Realidade cósmica determina o grau da minha liberdade — a Verdade — que me liberta.

Ora, sendo que a Realidade cósmica é perfeita vida e saúde, a minha vida e saúde dependem do grau de harmonização consciente que eu estabeleça entre mim e a vida e saúde do Universo.

Isto é cosmoterapia.

Cosmoterapia é uma harmonização consciente entre o *ánthropos* e o *kósmos*. O UNO da perfeita vida e saúde do Universo cura o VERSO da vida e saúde imperfeitas.

O meu ego é um VERSO imperfeito.

O meu Eu é o UNO perfeito.

O meu perfeito *Atman* cura o meu imperfeito *Aham*.

Se eu tiver a consciência nítida de que o meu *Atman* é a essência do meu *Aham* — que "eu e o Pai somos um, que eu estou no Pai, e o Pai está em mim" —, então tenho perfeita vida, saúde e felicidade. "Eu já venci o mundo."

Cosmoterapia
Sugestão
Fé

Sugestão é, hoje em dia, uma das palavras mais usadas, sobretudo no campo da filosofia, da psicologia e da psicoterapia.

Que é sugestão?

Sugestão, como já mencionamos alhures, vem de sub-gestão, isto é, gest-ão, ou atuação de profundidade. O nosso ego-consciente, por via de regra, funciona como atuação de superfície, como simples ego-gestão; não sai da horizontalidade medíocre do nosso semi-consciente cotidiano, onde os dolorosos problemas da vida se originam, mas onde não encontram solução.

Quando então o homem abandona essa mediocridade superficial do ego-consciente e invade — ou melhor, permite ser invadido pelas poderosas e ignotas profundidades e altitudes do extra-consciente ou do cosmo-consciente — então encontra ele solução real para os seus problemas.

Por quê?

Porque a superfície ego-consciente ignora o fator cósmico e, por vezes, se torna até anticósmica, e por isto antibenéfica, ao passo que as profundezas e alturas do cosmo-consciente (que são ego-inconscientes) são poderosas e benéficas.

Pode o ego ser inimigo do Eu, como diz a *Gita*, mas o Eu é sempre amigo do ego.

Todos os bens vêm do cosmo do Eu — e todos os males vêm do ego.

Estranhamente, esta zona do extra-consciente é, geralmente, chamada o "inconsciente", ou "subconsciente" — e Jung escreveu livros inteiros sobre o *Unterbewusstsein* ou o, *Unbewusstsein* — dando a impressão de que se trate de algo menor que o consciente. Na verdade, porém, o extraconsciente não é inconsciente nem subconsciente em si mesmo; se, por vezes, é *menor* que o consciente, pode ser também maior, infinitamente *maior* do que este. O extra-consciente pode até ser o *oniconsciente* em si, embora seja inconsciente em mim. Existe não somente um extraconsciente *vital*, como Freud parece supor; existe também um extraconsciente *espiritual*, que é ao mesmo tempo supravital e supramental, como Victor Frankl reconhece no seu livro *Der unbewusste Gott*.

O apelo para esse extraconsciente espiritual ou cósmico soluciona em definitivo os problemas oriundos do ego-consciente mental.

Todos os problemas da vida nascem do mental do ego, da nossa persona ou máscara.

No espiritual não há problemas, porque o espiritual já ultrapassou a zona dos problemas ego-gênitos.

Quando os psicólogos falam de sugestão, parece que se referem a um apelo do *ego-consciente mental* para o *inconsciente* ou *subconsciente vital*; parece que recomendam um apelo da zona da desarmonia consciente para a zona da harmonia inconsciente, ou, como diria o hindu, do *Aham* (ego) para *Maya* (natureza). E, por esta razão, o termo sugestão suscita sempre algo de depreciativo, regressivo, involutivo; parece recomendar algo como escapismo, como um querer-esquecer os dolorosos problemas do ego-consciente diário e refugiar-se na paz inconsciente da natureza sem problemas.

Entretanto, para além dessa conhecida *subgestão*, há também a desconhecida *supergestão*, que não é um regresso ao inconsciente, mas, sim, um progresso — e até um supergresso — rumo ao superconsciente, ao cosmo-consciente, ao pleniconsciente, ao oniconsciente.

Há um extraconsciente espiritual — e não apenas um extra-consciente vital.

No próximo diagrama ilustrativo, a parte preta representa o inconsciente (ou subconsciente); a parte chanfrada é o ego-consciente; a parte branca simboliza o cosmo-consciente. Mas, para o homem comum, tanto o preto como o branco fazem parte do inconsciente, porque não são conscientes ao ego.

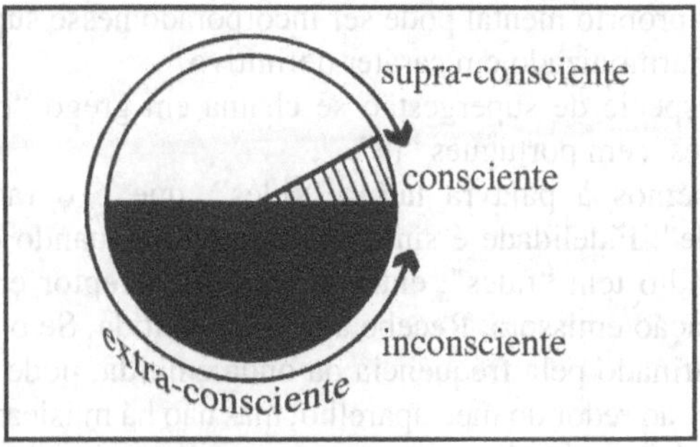

Quem fitasse em cheio o globo solar, só veria treva — treva por excesso de luz. Uma coruja noturna, em pleno meio-dia, não enxerga nada — por excesso de luz.

De modo análogo, o ego-consciente mental é cego para o cosmo-consciente espiritual — por excesso de luminosidade. "O homem mental — escreve Paulo de Tarso — não compreende as coisas do espírito, que até lhe parecem estultície, nem as pode compreender, porque as coisas espirituais devem ser compreendidas espiritualmente."

* * *

Quando o homem comum se sente angustiado com os problemas oriundos da zona ego-consciente da sua zona mental, refugia-se, não raro, no inconsciente ou subconsciente, em busca de paz. Mas esse escapismo não é verdadeira cura do seu mal, não é paz real e definitiva; é, quando muito, um armistício temporário; é uma espécie de narcótico, de anestésico, de analgésico, ou outro paliativo, que talvez remova algum sintoma doloroso do mal, mas que não pode erradicar a raiz do mal. O nosso ego, que é essencialmente charlatão, não pode ultrapassar o seu charlatanismo. Cedo ou tarde, o homem assim sugestionado pelo subconsciente terá de voltar ao plano do consciente — e a dolorosa problemática da vida diária recomeça, talvez com redobrada violência.

A guerra após o armistício continua.

Mas existe outra saída do doloroso ego-consciente, não por uma *descida* do mental ao vital, mas por uma *subida* do mental ao espiritual, do ego-consciente para o Eu-consciente, ou mesmo até ao cosmo-consciente. É um progresso e um supergresso, do qual não há regresso para o plano inferior da problemática do ego mental. O próprio mental pode ser incorporado nesse supramental, e por ele harmonizado em caráter definitivo.

Esta espécie de supergestão se chama em grego "pístis", em latim "fides", em português "fé".

Analisemos a palavra latina "fides", que é o radical para "fidelidade". Fidelidade é sintonia, harmonia. Quando o receptor do meu rádio tem "fides", entra o aparelho receptor em sintonia com a estação emissora. Recebe a música emitida. Se o meu rádio não está afinado pela frequência da onda emitida, pode essa onda estar no ar, ao redor do meu aparelho, mas não há música; apesar de estar a música *objetivamente* presente, ela está *subjetivamente* ausente. O meu repector tem de estabelecer fidelidade, consonância com o emissor — deve, por assim dizer, *conscientizar* (com+sciente) a presença da onda eletrônica, e esta onda assim *conscientizada* é que faz ouvir a música.

De modo análogo, não basta a presença objetiva de Deus; dentro desta presença divina eu posso estar doente e ser pecador, posso ter câncer, lepra, paralisia, como também posso ser um malfeitor; posso ser vítima de males e autor de maldades, dentro da presença de Deus — por quê?

Porque a presença simplesmente objetiva de Deus não resolve nenhum problema humano; eu tenho de conscientizar subjetivamente essa presença objetiva, para colher os benefícios dessa presença.

Isto é *fides*, fidelidade, fé, que me faz participante do bem-estar da alma, do cosmo, do Uno, de Deus.

Se eu estabelecer esta fidelidade, se fizer esta supergestão consciente rumo à Fonte Cósmica da Vida e da Saúde, então fluem para dentro de mim as águas vivas da Fonte Cósmica, do Infinito.

Nunca homem algum curou outro homem.

Nunca remédio algum curou alguém.

Nunca nenhum canal forneceu água para outro canal.

Somente a Fonte do Uno pode fornecer água, *sem* ou *através* de canais do Verso. Vida e Saúde são atributos exclusivos do Cosmo, do Uno, do Infinito. Se há falta de vida ou saúde no homem, a falta não é do cosmo, mas do homem. O cosmo é imparcial, não falha jamais, não tem preferências nem favoritismos com ninguém. O médico, o psiquiatra, o curador não podem remover o obstáculo creado pelo doente; mas podem servir de seta indicadora na encruzilhada; podem funcionar como *catalisadores*. Catalisador, na química, é uma substância cuja simples presença faz com que outras substâncias se modifiquem, sem que o fator catalisante se modifique a si mesmo. O catalisador é algo parecido com o *guru*, o mestre espiritual, cuja simples presença dinâmica beneficia o discípulo. Aura, fluido, graça — palavras usadas por Paul Brunton, por Mouni Sadhu e por muitos outros, para designar a atuação misteriosa que um verdadeiro mestre irradia sobre certos discípulos quando devidamente sintonizados. Dissipam-se as dúvidas, amainam as tempestades, serenam as angústias, em face do poderoso catalisador.

Esta presença catalisante, porém, deve ser uma presença qualitativa, e não a simples presença física do mestre. Deve ser uma presença cosmo-dinâmica, cristo-dinâmica, que se origina por uma cosmo-consciência de alta voltagem, do tipo "eu e o Pai somos um, o Pai está em mim, e eu estou no Pai". O catalisador não age pelo que *diz*, *faz*, *pensa* ou *quer* conscientemente, em ato, mas sim, pelo que ele é extraconscientemente, em atitude. A sua atuação catalítica provém do seu íntimo *ser*, e não do seu externo *fazer*. Esse íntimo ser revela-se como *aura*, *fluido*, *vibração*, *graça*, vibrações não acessíveis aos sentidos nem ao intelecto do homem profano. Estas vibrações —"a graça do mestre"— atuam poderosamente sobre pessoas que possuam a necessária idoneidade receptiva.

"Quando o discípulo está pronto, então o mestre aparece."

A potência da fonte e as potencialidades dos canais

Por milhões de anos, viveu o homem no plano da *senso-consciência* despertada, enquanto a sua *ego-consciência* e *cosmo-consciência* estavam ainda dormentes.

Hoje vive o homem com a senso-consciência e a ego-consciência despertadas, mas a sua cosmo-consciência continua ainda dormente. O próximo estágio evolutivo do homem consistirá no despertamento da sua cosmo-consciência. De longe em longe aparece sobre a face da terra um ser humano que vive nessa dimensão da consciência cósmica; esses homens são considerados pelos outros homens como super-homens, como homens-deus, como seres de outros mundos.

Em sânscrito há três palavras típicas para designar esses três planos evolutivos: *Maya*, *Aham*, *Atman*. O livro do *Gênesis* também se refere a esses três estágios do homem, quando fala da vivência do homem no *Éden*, no plano da *Serpente* e no plano do *Vencedor da Serpente*. Na zona do Éden, diz o autor do *Gênesis*, o homem não conhecia males; no plano da Serpente, depois de comer do fruto da árvore do conhecimento do bem e do mal, o homem, que do senso-consciente entrou no ego-consciente, viu todo o mundo coberto de espinhos e abrolhos e foi obrigado a comer o seu pão no suor do seu rosto; algum dia, insinua o *Gênesis*, depois de esmagar a cabeça da Serpente e depois de comer do fruto da árvore da vida, o homem reconquistará o paraíso perdido, ainda agora guardado pelos feros querubins e pela espada versátil. Este novo Éden não será mais o plano da ausência de males no estado de *Maya* ou senso-consciência; muito menos o mundo da presença de males inaugurado pelo *Aham* da ego-consciência; mas será a zona do *Atman*, do homem-cosmo-consciente, que superou tanto a *ignorância* como também a *ciência* e entrou na *sapiência*.

A ignorância é do homem senso-consciente (*Maya*).

A ciência é do homem ego-consciente (*Aham*).

A sapiência é do homem cosmo-consciente (*Atman*).

O ser humano, o *ánthropos*, é um só, essencialmente o mesmo através de séculos e milênios; mas os seus estágios evolutivos variam tanto que pessoas menos clarividentes o apresentam como um *infra-homem* no passado e um *supra-homem* no futuro. A diferença real, porém, está nas diversas dimensões de consciência que o homem atinge durante os períodos vários da sua vivência. O homem é *essencialmente* um só e sempre o mesmo, mas aparece *existencialmente* no decurso da história como *homem-animal*, como *homem-hominal*, como *homem-divinal*.

A essência do homem é a sua *potencialidade*.

As existências do homem são as suas *atualidades*.

Há certos cientistas que ensinam que, em tempos pré-históricos, o homem era um animal, depois se tornou homem. Na verdade, porém, o homem nunca foi animal, porque ninguém se torna *explicitamente* o que não é *implicitamente*. *Evolver* só pode aquilo que era *involvido*.

O que é *implicado* (dobrado para dentro) pode ser *explicado* (desdobrado para fora).

O homem ego-consciente de hoje estava contido, potencialmente, no homem senso-consciente de ontem; e o homem cosmo-consciente de amanhã está latente no homem senso-consciente e ego-consciente de hoje.

Os estágios vários de atualizações ou manifestações sucessivas estão contidos no único homem potencial — assim como na semente está contida implicitamente a planta, antes de se manifestar explicitamente como planta.

Alguém vai ao cinema fora do expediente e olha para a tela branca. Não há figuras na tela, porém elas estão todas presentes, simultaneamente, na película guardada na cabina de projeção, antes de aparecerem sucessivamente na tela, através das dimensões de tempo e espaço. Pode ser que a projeção sucessiva do filme leve duas horas, mas a sua presença simultânea nada sabe de tempo; o filme todo, do princípio até o fim, está simultaneamente presente, aqui e agora, na cabina de projeção. A *presença implícita* precede a *projeção explícita*. Pode o espectador ignorante pensar que as figuras movediças se originem na tela, no momento da projeção, como no palco de um teatro, mas o homem sapiente sabe que nada se origina nesse momento, tudo já existia, simultaneamente presente no filme enrolado; apenas a projeção é sucessiva.

Assim, no homem-Maya ou senso-consciente do Éden, estava presente o homem-Aham ou ego-consciente; e neste está presente o homem-Atman ou cosmo-consciente.

A presença do homem é uma só, toda simultânea.

A projeção do homem se processa, sucessivamente, através de séculos e milênios.

O homem da *ciência*, da visão parcial, enxerga apenas as projeções históricas do homem e cai vítima da ilusão de que o homem pré-histórico não tenha sido homem. Mas o homem da *sapiência*, da visão integral, sabe que o homem ego-consciente de hoje estava presente no homem senso-consciente do passado mais remoto; sabe também que o homem cosmo-consciente do futuro já está presente, implicitamente, potencialmente, no homem de hoje.

A *realidade* do homem é interna e simultânea — as *facticidades* do homem são externas e sucessivas.

Quem confunde a *realidade interna e simultânea do homem* com as suas *facticidades externas e sucessivas* não terá jamais ideia exata do homem. E a sua filosofia sobre o homem sofrerá necessariamente as deficiências dessa sua visão parcial e inexata.

Aliás, a própria palavra Adam que o autor do *Gênesis* usa, quando fala do aparecimento do homem ego-consciente, é uma contração de duas palavras sânscritas, *adi* e *aham*, o "primeiro" (*adi*) "ego" (*aham*). Adam não é um nome próprio, é o qualificativo de um ser senso-consciente que, por primeiro, atingiu as alturas da ego-consciência, tornando-se o *Adi-aham*, o Adam, o primeiro-ego.

A verdadeira natureza de um ser é a sua "natura", palavra latina abreviada de "nascitura", aquilo que vai nascer, isto é, a potencialidade latente de um ser. A "natura" ou natureza de um ser é a sua potencialidade, aquilo que ele pode vir a ser é explicitamente, porque já o é implicitamente. Ninguém se torna o que não é desde o início, apenas desdobra ou evolve[1] aquilo que estava indobrado ou involvido; o que está involvido potencialmente num ser pode ser evolvido atualmente. A evolução é o evolvimento daquilo que está involvido.

O que não está involvido não pode ser evolvido. Um filme não presente na cabina não pode ser projetado na tela.

A projeção é a sucessividade da presença simultânea.

A história do homem é a manifestação sucessiva da presença simultânea do homem pré-histórico.

A planta é a manifestação explícita da semente implícita.

A ave é a projeção manifesta da presença imanifesta do ovo.

A natureza ou potencialidade total do homem é a senso-ego-cosmo-consciência. O homem integral é *Maya-Aham-Atman*, isto é, *sentidos-intelecto-razão*.

Qualquer tentativa de divórcio entre esses componentes do homem integral é uma aberração.

Todo mal vem de uma *parcialização*.

Todo bem vem da *totalização*.

O homem plenamente realizado, o pleni-homem, é o homem cosmificado, o homem perfeitamente senso-consciente, perfeitamente ego-consciente e perfeitamente cosmo-consciente.

E, em última análise, toda a *cosmoterapia* consiste nesta totalização do homem-Maya, do homem-Aham e do homem-Atman, devendo estes três aspectos do homem colaborar em perfeita harmonia e sintonização.

É certamente uma das maiores aberrações da lógica afirmar que o ser *hominal* de hoje, o homem ego-consciente, seja o produto de um ser *animal*; quer dizer, de um ser *não-hominal*, de tempos remotos. Os cientistas que tal coisa afirmam sofrem de uma visão unilateral: enxergam as *facticidades* empíricas projetadas na tela de tempo e espaço, mas são cegos para a *realidade* metafísica do filme

---

[1] Como os leitores de outros livros meus já sabem, não aceito o galicismo usual *evoluir*, totalmente arbitrário e desnecessário, mas sim o termo correto *evolver* (do latim *evolvere*). Se o verbo fosse *evoluir*, o substantivo seria *evolução* — assim como de *diluir* vem *diluição*. Os termos corretos são: evolver, involver, revolver, devolver, etc. Todos esses termos são usados em geral corretamente, com exceção de *evolver* — estranha incoerência!

presente na cabina. Confundem *canais* com *fonte*. É fato histórico, inegavelmente provado, que o corpo hominal fluiu através de numerosos organismos animais — e quiçá através de formas vegetais e minerais — mas é uma funesta aberração da lógica afirmar que o homem tenha vindo *do* animal — como seria falta de lógica dizer que a água da torneira vem do encanamento; ela não vem do encanamento, mas sim da fonte, embora flua *através* do encanamento. Nenhum canal ou encanamento, por maior e mais belo, produz água. Nenhum animal, realmente animal, produz um ser hominal. O que não está dentro não pode sair de dentro. Se o animal não tem potencialidade ou natura hominal, não pode fazer nascer o hominal. O menor não produz o maior. O mais não vem do menos.

Pode o animal servir de canal para o hominal — não pode ser fonte do hominal.

Nesta altura, recorrem certos cientistas a uma nebulosidade de terminologia, afirmando que o ser hominal estava implicitamente, potencialmente, contido no ser animal e que, através de enormes períodos históricos, essa potencialidade hominal contida no animal se desenvolveu em atualidade hominal, dando em resultado o homem de hoje.

Aparentemente, esses cientistas têm razão — na realidade, porém, aberraram da lógica. Confundem *potencialidade* com *potência*, canal com fonte.

Onde estava o homem de hoje em tempos pré-históricos, quando só havia animais sobre a face da terra? Estava o homem contido, como um conteúdo, dentro do contenedor de algum corpo animal? É o que esses cientistas pensam e escrevem.

Nós, porém, afirmamos, à luz da lógica e da matemática, que o homem de hoje não estava contido como um conteúdo no contenedor de nenhum animal — estava, sim, contido na *Potência*, que não era nenhum corpo animal, mas a Fonte Cósmica, a Alma do Universo, a Realidade Infinita, o Grande Todo, o Oceano Absoluto, o Uno, a Plenitude Univérsica. Desta *Potência* Única e Primordial fluiu o ser hominal através de *potencialidades* animais — e quiçá vegetais e minerais. A *Fonte da Potência* fluiu através dos *canais das potencialidades*, até se manifestar, por enquanto, como este ser hominal a que chamamos o homem ego-consciente, depois de se ter manifestado, milênios atrás, como o homem senso-consciente. Esta mesma Potência-Fonte pode, futuramente, manifestar-se também através das potencialidades do homem ego-consciente de hoje, na forma do homem cosmo-consciente de amanhã.

Uma só é a Fonte ou Potência, muitos são os canais ou potencialidades.

A Fonte é infinita, os canais são finitos.

A Fonte é uma só, o UNO — os canais são muitos, o VERSO.

UNI-VERSO — a Fonte Una e Única, que flui através de canais vários.

A potencialidade não designa, pois, um *conteúdo* existente no canal condutor, mas sim uma *idoneidade*, uma determinada capacidade do canal apto ou idôneo para receber da Fonte e veicular certa quantidade finita da Fonte ou Causa Infinita, rumo a um efeito. Este efeito — em nosso caso, o homem — é sempre menor que a Causa, a Fonte. Se um encanamento tem meia polegada de abertura, a sua potencialidade é de meia polegada; se a abertura for de uma polegada, a potencialidade do cano será de uma polegada.

Mas essa meia polegada ou uma polegada do cano condutor nada tem que ver com a Potência, a Fonte, a Causa, que é de conteúdo ilimitado.

A potencialidade do homem pré-histórico senso-consciente era cósmica.

A potencialidade do homem histórico ego-consciente é cósmica.

Tanto esta como aquela potencialidade fluíram da Potência da Fonte Infinita, donde fluem todas as potencialidades, maiores ou menores.

Uma só é a Potência, muitas são as potencialidades, e por isso são vários e variados os efeitos, cada um de acordo com a potencialidade do canal por onde fluiu.

O homem, como aliás todos os seres finitos, veio da Fonte Infinita e fluiu através de muitos canais finitos.

A *ciência*, quando unilateralmente empírica, só conhece os canais por onde o corpo humano fluiu e ignora a Fonte (evolução).

A *teologia*, quando unilateralmente dogmática, só enxerga a Fonte donde o homem veio e tenta negar os canais (creação).

A filosofia univérsica, porém, sempre onilateral, afirma tanto os canais intermediários como também a Fonte Primária donde veio o homem e donde vieram todas as coisas finitas (creação e evolução).

A cosmo-consciência abrange, por conseguinte, todas as consciências inferiores, tanto do homem-Maya dos sentidos como também do homem-Aham do intelecto. O homem-Atman, ou homem cósmico, não aboliu o homem-Maya nem o homem-Aham, mas integrou em si todos esses estágios evolutivos, afirmando tudo sem negar nada, harmonizando numa grande síntese cósmica todas as antíteses, aparentemente contrárias umas às outras, porém realmente complementares.

Assim como o polo negativo e o polo positivo da eletricidade, quando unidos em síntese, produzem *luz, calor e movimento* — que são o Composto (síntese) formado pelos Componentes (antíteses) — assim resulta do homem-Maya e do homem-Aham, quando devidamente integrados, o homem-Atman, que é o homem integral, o homem cósmico, o homem univérsico.

Autorrealização e cosmoterapia são possíveis só nesse ambiente do Homem Integral.

Entrada numa nova dimensão de consciência

Estou sentado ao pé do meu rádio, aqui em São Paulo. Está no ar a Ave-Maria, de Schubert.

Donde vem essa música? De dentro do meu rádio?

Imediatamente, sim — mediatamente, não. A música vem de alguma estação emissora, talvez do Rio de Janeiro, 400 quilômetros daqui. E, se a emissora for assaz potente, a mesma música poderá ser ouvida em Porto Alegre, Brasília, Recife, Nova Iorque, Los Angeles, Londres, Roma, Moscou, Tóquio, possivelmente até na lua.

Mas como pode alguém falar tão alto?

Não há nenhuma necessidade de falar alto.

O locutor, lá no Rio de Janeiro, ou em Tóquio, pode até falar bem baixinho, no seu microfone; dá para ser ouvido no mundo inteiro.

Que mistério é este?

É o mistério do não-continuísmo e de um novo início.

Que é isto?

Quer dizer que se trata de abandonar uma dimensão vibratória e de entrar noutra dimensão. Não se trata de ampliar a vibração aérea da voz, mas, sim, de ultrapassar a zona das vibrações aéreas e entrar na zona das vibrações eletrônicas. Na zona aérea, a voz humana morre logo; por mais poderosa que seja, não alcançará um quilômetro sequer. Mas, graças à conversão das vibrações aéreas em vibrações eletrônicas, conseguimos nos fazer ouvir a milhares e milhares de quilômetros. E, além disto, uma única voz ao microfone pode ser captada simultaneamente em milhões e bilhões de lugares diferentes; praticamente, a voz do locutor está onipresente, e onde quer que haja um aparelho receptor devidamente sintonizado, aí se ouve ao mesmo tempo essa voz única — é mesmo uma unidade na diversidade, um processo univérsico. Como todos sabem, o microfone tem um dispositivo que converte em sutilíssimas vibrações eletrônicas as grosseiras vibrações aéreas da voz ou do disco; e, por outro lado, o receptor do rádio reconverte as vibrações eletrônicas em ondas aéreas, de maneira que podem ser captadas e percebidas pelo tímpano e pelo nervo auditivo do corpo humano. Ondas eletrônicas seriam inaudíveis.

* * *

Fato análogo se dá no mundo superior. A física e a metafísica são governadas por uma lei única. Comparemos o nosso ego com a zona das ondas aéreas, e o nosso Eu com as vibrações eletrônicas — ou seja, com o ar e com o éter. Enquanto a nossa ego-atuação ficar no seu velho continuísmo e não sair da sua ego-dimensão físico-mental-emocional, é muito restrito seu ambiente e vai a pouca distância sua eficiência. Mas, quando a ego-consciência entra na zona da cosmo-consciência, tudo muda; não há limite para sua atuação e eficiência; torna-se quase universal e onipresente. É o mistério duma nova dimensão de frequência vibratória.

A zona eletrônica é comparável à experiência mística, que opera na universalidade cósmica.

Mas a onda eletrônica da *mística divina* tem de ser convertida na vibração aérea da *ética humana*, porque só nesta dimensão é que ela atinge seres humanos.

De moral para moral, é fraca a atuação humana, como uma voz, que logo morre. Quem pratica caridade, filantropia, no plano puramente horizontal de ego para ego, atua a pouca distância, numa esfera assaz limitada. Mas, quando o homem entra na dimensão da mística e de lá passa para o plano da ética, atua de outro modo; não pratica um velho continuísmo, mas realiza um novo início, uma verdadeira iniciação; não age mais como quem põe "remendo novo em roupa velha", mas como uma "nova creatura em Cristo".

Restrita é a atuação de beneficência para beneficência.

Imensa é a atuação das alturas da benevolência para as baixadas da beneficência. Benevolência é uma atitude permanente — beneficência consiste em atos intermitentes. A ética é filha legítima da mística.

* * *

Como pode o homem entrar nessa nova dimensão da mística?[1]

Nenhum homem pode, por si mesmo, entrar nessa zona de experiência mística, que não é ego-feita, mas cosmo-dada. Essa dimensão superior entra no homem, quando encontra brecha, porta aberta, quando o homem permite ser invadido, e até pervadido, por essa vibração transcendente.

Essa atitude de "invadibilidade cósmica", esta receptividade além-nista é importante; sem ela, nada de grande acontece na vida humana, porquanto o ego, por maior que seja, não deixa de ser canal, e nunca Fonte. Fonte é somente a alma do cosmo (Deus); se o canal não for invadido pela Fonte permanece vazio, estéril, ineficiente — uma deslumbrante vacuidade.

Enquanto o homem pretende ser 100% *ego-faciente*, não será *cosmo-feito*; enquanto ele é ego-pensante e ego-vivente, não será cosmo-pensado, cosmo-vivido. A cosmo-plenitude só deságua na ego-vacuidade — isto é lei inexorável, que ninguém pode modificar. A plenitude cósmica não atua sobre a plenitude egoica, mas tão-somente sobre a vacuidade egoica, ou ego-vacuidade.

Compete, pois, ao homem sapiente estabelecer esta vacuidade receptiva (humildade), a fim de poder ser plenificado pela plenitude cósmica (graça).

A entrada nessa nova dimensão de consciência é, pois, uma questão do ser (atitude) e não do fazer (ato).

"Quando o discípulo (ego) está pronto, o mestre (Eu) aparece"...

"Bem-aventurados os que têm fome e sede de harmonia"...

---

[1] A mística é a mais perfeita saúde e sanidade do homem, ao passo que o misticismo é um vício, uma atitude doentia de muitos homens. É deplorável que muitos autores confundam mística com misticismo.

Consciência cósmica é imunização

No século passado foi feita por Louis Pasteur uma das mais estupendas descobertas no plano da natureza física.

Descobriu esse cientista que muitas doenças e epidemias são produzidas por seres vivos unicelulares — protozoários, amebas, bacilos, bactérias. Esses unicelulares são seres microscópicos, que se introduzem no organismo e, quando venenosos, podem matar o homem.

A segunda etapa dessa descoberta é mais estupenda ainda: descobriu Pasteur que esses micróbios venenosos, causadores de doenças e morte, podem ser desenvenenados e transformados em antídoto ou remédio contra as próprias doenças que produzem; basta fazer a competente cultura no laboratório, tirando a essas bactérias o seu veneno e introduzindo-as depois no sangue duma pessoa sadia. E que acontece? Essas bactérias — digamos o bacilo de Koch, que produz a tuberculose — vivem tranquilamente no organismo vivo, sem fazer nada. Mas, no momento em que uma bactéria venenosa da mesma espécie entra no corpo, as bactérias desenvenenadas se apoderam das suas irmãs venenosas e as desenvenenam, neutralizando-as — e não haverá doença, por falta de veneno. As bactérias desarmadas no laboratório desarmam as bactérias armadas. O antiveneno é feito com o próprio veneno das bactérias.

Processo semelhante ocorre também no mundo superior da

metafísica: do próprio mundo material, a cujo veneno o profano sucumbe, pode ser feito o antiveneno, o remédio capaz de salvar o homem do materialismo mortífero. Mas é necessário saber desenvenenar o mundo material, mediante uma cultura de laboratório, processo que somente o homem cósmico compreende.

Por via de regra, o homem profano sucumbe ao veneno do mundo material, que ele adora como ídolo e ao qual sucumbe como a seu tirano mortífero; a idolatria da matéria praticada pelo profano materialista mata o próprio idólatra. Para o profano, a matéria é como uma bactéria venenosa que destrói o organismo do homem em que consegue introduzir-se. O profano nada sabe de vacina, de profilaxia, de imunização; sucumbe simplesmente ao veneno mortífero da matéria, ao materialismo.

Em face desta epidemia e desta mortandade a que o profano sucumbe, resolveu o homem espiritual, o *místico*, fugir do mundo material e isolar-se perenemente no mundo espiritual — em algum deserto, em alguma floresta, em alguma montanha longínqua, em alguma caverna solitária, longe das bactérias venenosas da materialidade mortífera.

Mas, eis que aparece o homem de consciência *cósmica* e descobre um processo equidistante do procedimento do profano e do místico: não *sucumbe* ao veneno do mundo material, nem se *isola* deste mundo venenoso — mas *imuniza-se* contra o veneno, servindo-se do próprio material venenoso para fabricar o antídoto salvador contra esse veneno mortífero. O homem de consciência cósmica, novo Pasteur da profilaxia, descobriu o segredo de fazer remédio do veneno; vive em pleno mundo material sem ser materialista; vive espiritualmente no meio da matéria; vive puro no meio dos impuros; vive são no meio de doentes; vive vivo no meio dos mortos; vive sem contágio no meio das epidemias contagiosas.

De que modo conseguiu o homem cósmico essa estranha profilaxia, essa incrível imunização de si mesmo? Por que não necessita fugir para longe dos focos das doenças e da morte, como o místico? E por que não sucumbe a essas epidemias, como o profano?

Donde vem ao homem cósmico essa estranha e estupenda imunidade?

O homem cósmico descobriu o *espírito* no meio da *matéria*.

Descobriu a *Realidade redentora* no meio das *Facticidades mortíferas*.

Descobriu o *Deus do mundo* no *mundo de Deus* — ou no mundo do diabo, como diria talvez o místico.

O homem cósmico, como se vê, não descobriu Deus apenas na longínqua *transcendência*, como o místico isolacionista, mas descobriu Deus também na mais propínqua *imanência*; descobriu o *Infinito Além* em todos os *Finitos do Aquém*; descobriu o eterno Ser em todos os temporários Existires; descobriu o Creador em todas as creaturas; descobriu o conteúdo espiritual em todo os contenedores materiais.

Para além da *cegueira opaca* do profano, para além da *ultravidência* do místico, descobriu o homem cósmico a *introvidência*. Para ele, todas as matérias opacas se tornaram cristais transparentes. E como a luz transparece do cristal, lucificando-o totalmente, para o cósmico a materialidade do cristal não é mais impedimento para a imaterialidade da luz. Cristal e luz não são para ele uma *dualidade antiética*, uma justaposição de dois contrários hostis, mas são para ele uma *unidade sintética*, uma interpenetração complementar de luz e cristal, um cristal lucificado, uma luz cristalina.

O caráter venenoso da matéria, que envenena o profano e afugenta o místico, deixou de existir para o homem cósmico. Para ele, a matéria é uma manifestação e um veículo do espírito, assim como o cristal é um veículo da luz — para ele, o espírito existe latente na matéria. O homem cósmico antecipou todas as teorias da Era Atômica; todos os homens dotados de consciência cósmica sabem e sabiam, em todos os tempos e países, que a matéria é energia congelada, que a única Realidade do UNO INFINITO se manifesta sempre de novo no VERSO DOS FINITOS. O homem cósmico é, por excelência, o *Homem Univérsico*, que vê a unidade em todas as diversidades e sabe que as diversidades são manifestações parciais da unidade total.

Por isto, o homem Cósmico é vacinado contra males da matéria, porque ele desenvenenou a matéria pela sua introvisão espiritual; a *existencialidade* da matéria é permeada pela *Essencialidade* do espírito, e uma matéria espiritualizada é uma matéria inofensiva, desenvenenada, benéfica.

A visão da realidade libertou o cósmico da ilusão das facticidades.

E sendo que os males, a que o profano sucumbe e dos quais o místico deserta, vêm da matéria materialmente enxergada, mas não vêm da matéria espiritualmente conscientizada, é natural que a matéria não produza nenhum mal para o homem cósmico. A materialidade da matéria foi devidamente desmaterializada pela espiritualidade do espírito.

O homem de introvidência espiritual está definitivamente imunizado contra a invasão e ofensiva de qualquer bactéria de materialismo profano, porque o veneno de ontem foi transformado no antiveneno de hoje, no laboratório imanente do homem cósmico.

* * *

O profano não descobriu nem o *reino de Deus* nem a sua *harmonia*. Não enxerga a Realidade espiritual e enxerga muito menos ainda a harmonia entre a Realidade espiritual e as Facticidades materiais; o profano enxerga tão-somente as facticidades materiais, e nada mais.

O místico descobriu o reino de Deus, o mundo espiritual, mas não descobriu ainda a sua harmonia, a possibilidade de uma consciliação entre o reino de Deus do mundo e as coisas do mundo de Deus. E, por não ter descoberto essa harmonia e compatibilidade, o místico, na sua grande sinceridade, optou pelo reino de Deus e contra as coisas do reino deste mundo.

O profano consegue, com grande esforço, conquistar certas facticidades; conquista-as no suor do seu rosto, porque o mundo está coberto de espinhos e abrolhos, o mundo lhe é hostil, porque o profano nada sabe da Realidade espiritual. O profano tem de conquistar laboriosamente certas facticidades materiais necessárias à sua vida, facticidades que lhe seriam dadas de acréscimo, de graça, se ele possuísse a Realidade espiritual e visse a sua harmonia com as Facticidades materiais.

O místico, por seu turno, reduziu ao mínimo possível as facticidades materiais da vida, porque vive isolado na Realidade espiritual, numa Realidade espiritual transcendente, vive num longínquo *além-nismo*, separado do propínquo *aquém-nismo* da vida cotidiana. Mas, como os bens da vida diária vêm por canais materiais e como o místico não quer saber desses canais, ele, embora possua o reino de Deus, não possui a harmonia consciente que vigora entre o reino de Deus e as outras coisas, e por isto estas outras coisas não lhe são dadas de acréscimo, espontaneamente.

O homem profano é *escravo* do mundo material.

O homem místico é *desertor* do mundo material.

O homem cósmico é *aliado* do mundo material. E por isso o mundo material oferece ao homem cósmico todas as coisas necessárias à vida terrestre. A natureza oferece todos os tesouros da sua abundância ao homem que não é *escravo* nem *desertor* da natureza, mas, sim, *amigo* e aliado dela. Por meio dele será proclamado "o reino de Deus sobre a face da Terra" e "haverá um novo céu e uma nova Terra".

O mundo material nunca será transformado pelo homem material.

O mundo material nunca será transformado pelo homem místico.

O mundo material somente será transformado pelo homem cósmico. Somente o homem cósmico percebe a secreta relação que vigora entre a causa espiritual e os efeitos materiais, entre a Realidade invisível e as Facticidades visíveis. Sem essa percepção de causa e efeito, nunca haverá formação eficiente do mundo e da humanidade.

* * *

Por mais estranho que pareça, em meados do 1º século alguém já descreveu intuitivamente o homem cósmico. E, pelos meados do século vinte, um novo vidente, Teilhard de Chardin, descreveu o homem cósmico.

O vidente do primeiro século foi Paulo de Tarso, que deixou escrito na epístola aos Romanos, 8, 18 ss., o seguinte:

"A natureza (creatura) anseia pela revelação dos filhos de Deus (isto é, pelo advento do homem cósmico, do filho do homem). A natureza foi sujeita à corruptibilidade, não por vontade própria, mas por aquele que a sujeitou (isto é, o homem profano). Mas a natureza tem esperança de ser libertada da escravidão do corruptível e alcançar a gloriosa liberdade dos filhos de Deus. Sabemos que toda a natureza sofre dores de parto até o presente. E não somente ela, mas também nós (com ela) que possuímos as primícias do espírito (o homem no estágio místico, princípio e preliminar do cósmico) gememos em nosso interior, ansiando pela filiação divina (o homem cósmico, o filho do homem), que é a redenção do nosso corpo (isto é, a redenção do homem total, incluindo a integridade e a imortalidade do corpo).

Nesta esperança é que somos salvos".

É inegável que Paulo de Tarso fala da redenção do homem total.

O homem profano não está remido, nem na alma nem no corpo.

O homem místico está remido na alma, porque já não é autor de maldades, mas não está remido no corpo, porque ainda é vítima de males.

O homem cósmico, porém, é remido na alma, por não ser mais

autor de maldades, e é remido também no corpo, por não ser mais vítima de males compulsórios.

Nesta esperança, da redenção total, livre de maldades e de males, é que vive o homem, na esperança de uma libertação total. E com essa libertação total, incluindo o corpo, também a natureza participará da incorruptibilidade, porquanto o homem, pelo seu corpo, é a coroa da natureza, o chefe que leva após si a natureza.

A cura das facticidades pela realidade

Toda e qualquer ideia ou desejo tendente a querer melhorar o Homem ou o mundo material, por meio de fatos ou facticidades deve ser totalmente abandonado como visceralmente errôneo e ineficiente. Esse procedimento, amplamente praticado pelo ego ilusório, é charlatanismo e mera repressão de sintomas mórbidos, mas nunca é uma cura radical dos males.

Toda e qualquer facticidade material é apenas um canal vazio, que não pode receber água de outro *canal vazio*, de outra facticidade. Em última análise, o canal — e mesmo um vasto sistema de canais, ou facticidades — deve receber conteúdo de uma *fonte*, de um não-canal; vacuidade não plenifica vacuidade. Isto é, as facticidades materiais, derivadas, devem receber algo de uma realidade não-material, não-derivada, porque somente a plenitude pode plenificar a vacuidade.

Aristóteles nos deixou o exemplo da "roda girante": todas as periferias da roda recebem movimento do eixo imóvel; o imóvel produz os movimentos. O eixo imóvel é força sem movimento — realidade sem facticidade.

O "ponto fixo" de Arquimedes ilustra a mesma verdade: "Dai-me um ponto fixo fora do universo movediço, e terei força sobre todo o Universo".

O "átomo" de Demócrito, ao qual Einstein se refere com grande admiração, torna a exemplificar o mesmo princípio: o *a-tomo* é o *in-divisível*, que é a base para todos os divisíveis; o divisível ou dimensional não é fonte para os divisíveis ou dimensionais; somente o indimensional pode causar os dimensionais.

O "nirvana" dos orientais subjaz, como ponto de partida, a todos os "samsaras"; a essência única produz as existências múltiplas; a realidade infinita causa as facticidades finitas.

A "luz cósmica" de Einstein produz os 92 elementos da química, que são todos lucigênitos; matéria é canal, facticidade — luz é fonte, realidade.

A "luz incolor", quando dispersa por um prisma, produz as sete luzes coloridas; a realidade do incolor produz as facticidades das cores.

Na matemática, o valor real do "1" valoriza as nulidades dos zeros: 1000; a plenitude do real "1" plenifica as facticidades fictícias dos "000".

O "Universo" é um sistema bipolar, onde o "verso" das facticidades finitas é realizado pelo "uno" da Realidade Infinita.

O mundo material não pode ser ajudado pelo mundo material. Fatos não melhoram fatos. Canal não enche canal. A nulidade de um zero não plenifica a nulidade de outro zero. Nulidade não desnulifica nulidades.

A fonte que pode plenificar as vacuidades está dentro do homem, dentro de mim, dentro de ti, porque o *ánthropos* e o *kósmos* são concêntricos; o centro é um e o mesmo, que é Vida, Saúde, Felicidade.

A Fonte está em mim, em ti — mas... é uma fonte soterrada, inconsciente, que deve ser desenterrada, conscientizada; a fonte da vida, saúde e felicidade em mim, em ti, é um "tesouro oculto", que deve ser manifestado; é uma "luz debaixo do alqueire", que deve ser colocada no alto do candelabro. Todo homem é, potencialmente, a "luz do mundo", perfeita vida, saúde e felicidade; mas essa potencialidade latente deve tornar-se uma atualidade manifesta. Não é a presença de Deus que cura alguém — do contrário não haveria um só doente no mundo —, é a consciência ou conscientização da presença de Deus que dá vida e saúde. Dentro da presença e onipresença de Deus há doentes de toda espécie — doentes de câncer, de paralisia, de lepra, de cegueira, surdez, mudez — mas dentro da consciência da presença de Deus não há um só doente, porque a consciência da presença divina e o mal são absolutamente incompatíveis.

Uma vez que é certo que a fonte da vida e da saúde está dentro de cada um de nós, é evidente que ninguém tem de *invocar* uma fonte fora dele, mas tem de *evocar* a fonte que existe nele, deve conscientizar a fonte da vida e da saúde que está nele, à espera de evocação. O homem deve *eduzir* de si o "tesouro oculto", as "águas vivas", e não tentar *induzir* algo para dentro de si. Nenhum Deus externo pode curar o homem, porque esse Deus externo é mera ficção: "O Pai está em mim, e o Pai também está em vós... As obras que eu faço não sou eu (ego) que as faz, é o Pai em mim (Eu) que faz as obras; de mim mesmo (pelo meu ego) nada posso fazer".

É necessário descobrir e desobstruir a fonte que está em nós e fazê-la fluir através dos nossos canais; a Realidade interna deve fluir através das facticidades externas. O resultado é a saúde do homem integral.

Este processo de cosmoterapia depende essencialmente do grau da minha consciência ou conscientização. A conscientização é a ligação entre os canais das minhas facticidades e a fonte da Realidade em mim. Eu devo conscientizar a Realidade Infinita, que está e sempre esteve dentro de mim, dentro das minhas facticidades finitas e dentro de todos os finitos.

Na natureza infra-hominal a presença de Deus funciona automaticamente, porque a natureza não pode conscientizar essa presença; e quem não pode, não deve. Mas quem pode, deve; e quem pode e deve e não faz, se torna devedor. E todo o débito gera sofrimento. O sofrimento é a sanção do cosmo contra o homem devedor. O homem pode e deve conscientizar em si a presença de Deus, da Realidade Infinita. Mas, quando o homem-ego conscientiza a ausência de Deus, quando o homem-ego se considera separado de Deus, é vítima de uma grande ilusão, constitui-se devedor e provoca a reação do cosmo, que se chama sofrimento.

Os meus canais jazem na zona periférica do meu ego — a minha fonte está na zona central do meu Eu. Se não houver ligação consciente entre os canais vazios do meu ego e a fonte plena do meu Eu, os canais continuarão vazios, e os canais vazios se chamam doença.

Eu devo, pois, plenificar a vacuidade dos meus canais-ego pela plenitude da minha fonte-Eu. Eu devo cosmificar a minha humanidade — isto é cosmoterapia.

Não se trata, portanto, de afirmar o ego sem o Eu — nem, vice-versa, de afirmar o Eu sem o ego. Não se trata de substituir os canais pela fonte, nem de isolar a fonte longe dos canais. Trata-se de descobrir a fonte e depois fazer fluir as águas vivas da fonte através de todos os canais.

O homem profano só conhece canais sem fonte.

O místico descobriu a fonte e se esqueceu dos canais.

O homem cósmico descobriu a fonte e a canalizou através de todos os canais. É ele, e só ele, que "busca o reino de Deus e sua harmonia", e por isto todas as outras coisas lhe são dadas, sem que ele tenha de correr atrás delas.

O profano adora as facticidades — e ignora a Realidade.

O místico adora a Realidade — mas deserta das facticidades.

O homem cósmico adora a Realidade em sua Fonte Infinita e se alegra com as facticidades múltiplas em todos os canais.

Vezes sem conta se tem perguntado por que os homens espirituais são, geralmente, grandes sofredores. Respondemos que "todas estas coisas" de que o ego humano necessita, inclusive saúde, não foram prometidas a quem busca "o reino de Deus", mas, sim, a quem "busca o reino de Deus e sua harmonia" (a palavra latina *justitia*, em grego *dikaiosyne*, significa "justeza" ou "ajustamento", que traduzimos por *harmonia*). Não basta ser espiritual (o reino de Deus); é necessário também ver que há perfeita harmonia ou justeza entre o centro espiritual (uno) e as periferias materiais (verso).

O homem cósmico, integral, é o homem cosmificado, que até hoje apareceu uma única vez sobre a face da terra, na pessoa daquele que, 82 vezes nas páginas do Evangelho, se chama "o filho do homem".

O único homem perfeito na alma e no corpo — em santidade e sanidade.

O único homem que realizou plenamente "o reino de Deus e sua harmonia".

A realização ou frustração existencial

"Frustração" — é esta uma das palavras e coisas mais frequentes no mundo de hoje, sobretudo no mundo feminino. Fulana se sente frustrada sexualmente; sicrana sofre de frustração emocional; beltrano é vítima de frustração existencial.

"Frustrum" — não nos esqueçamos — é a palavra latina para "pedaço", "fragmento". De maneira que "frustrado" quer dizer literalmente "despedaçado", "fragmentado". E é exatamente isto que acontece às pessoas frustradas: perderam o senso da inteireza, da integridade, da unidade interior. E, como toda a felicidade é, em última análise, uma sensação de inteireza, uma consciência de firmeza unitária, não pode a falta dessa inteireza deixar de se revelar como infelicidade.

Todo senso de frustração produz infelicidade. A pessoa frustrada, desunida, fragmentada, é necessariamente uma pessoa infeliz.

A abolição dessa infelicidade, nascida da fragmentação, só pode ser feita por meio duma reintegração na consciência de inteireza, de unidade do ser e da vida.

Quando uma pessoa se sente frustrada, costuma atribuir esse estado a algo na zona das suas circunstâncias; daí a idéia da frustração sexual, da frustração emocional, ou outra frustração na zona do ego. Por via de regra, porém, essa frustração refletida nas circunstâncias externas tem a sua raiz profunda na substância interna, provém de uma *frustração existencial*.

Onde não há sólida *realização existencial*, facilmente surgem esses sintomas de frustração sexual, emocional, social, e outras. E então as pessoas assim frustradas tentam reprimir os sintomas imediatos desse estado desagradável e se esquecem de ir à raiz profunda do mal.

Na imensa maioria dos casos, a frustração periférica do ego tem a sua verdadeira raiz numa frustração central do Eu; a frustração externa não é senão um sintoma mórbido duma frustração interna. É a própria existência *humana* como tal que se acha abalada, comprometida, frustrada, e não apenas a existencialidade masculina, feminina, sexual, emocional, social, etc. Está em jogo um esfacelamento fundamental da individualidade humana do Eu profundo, e não apenas uma camada externa da personalidade superficial. Em pelo menos 90 casos sobre 100, a cura da frustração existencial cura qualquer outra frustração, ou, pelo menos, lança a base para essa cura.

Pergunta-se: em que consiste essa frustração existencial?

A pessoa assim frustrada não vê mais nenhuma razão-de-ser satisfatória na vida humana; não sabe por que vive, trabalha e sofre; está sempre diante dum caos, dum absurdo, dum vácuo existencial. E, embora não cometa talvez suicídio, a sua vida é um permanente suicídio lento, em prestações, porque é uma interminável agonia. Essa pessoa vive sempre numa atitude de escapismo, de vontade de fugir, num ambiente de negativismo e niilismo. A vida não tem sentido algum. Para que viver, se essa própria vivência é um *non-sens*, uma permanente insensatez, um flagrante contrassenso?

Antigamente, quando a humanidade vivia num ambiente infantil de fé, de olhos fechados, obediente a uma autoridade dogmática externa, o problema da frustração dificilmente assumia esse aspecto agudo de hoje. No tempo medieval, a pessoa ia ter com o seu confessor ou diretor espiritual, e esse lhe mostrava que a vida terrestre não tem nenhum sentido em si, mas tem uma razão de ser em virtude de algo que vem depois da morte, num mundo futuro e distante, no qual o homem deve crer; mostrava ao frustrado que o centro gravitacional da vida humana não se acha no aquém, mas, sim, no além; que os sofrimentos da vida, aqui na terra, são um meio para uma realização após-morte. Possivelmente, o diretor espiritual mostrava ao seu dirigido que, quanto mais o homem sofre na vida terrestre, tanto maior garantia tem para a sua plena realização numa vida futura.

Esta atitude da humanidade medieval funcionava como válvula de segurança e preservava o homem de uma explosão catastrófica. Sofrer era bom. Nenhum sofrimento equivalia a uma verdadeira frustração, porque favorecia a realização existencial, num mundo futuro.

Hoje em dia, grande parte da humanidade ultrapassou essa fase infantil do *além-nismo* e está em plena adolescência mental, embora longe da sua maturidade espiritual. O homem de hoje é muito mais *aquém-nista* do que *além-nista*; quer ver uma razão de ser no presente, e não apenas no futuro; quer viver *aqui e agora*, e não esperar por uma vivência *acolá e amanhã*.

A terapia para essa doença de frustração existencial dos nossos dias deve, pois, consistir num *senso de realização existencial presente*; o homem devia poder sentir realização existencial aqui e agora, em pleno aquém. A pessoa frustrada deve encontrar desfrustração, reintegração, senso de inteireza e integridade, na vida terrestre; deve ter a consciência de ter entrado em órbita, de ter encontrado o seu verdadeiro centro de gravitação na vida presente. Sem essa realização existencial não pode haver abolição de outras frustrações.

Existe essa possibilidade de realização existencial, para o homem moderno?

Essa possibilidade faz parte da própria natureza humana como tal; existe, portanto, em si; se existe *em mim*, *em ti* — isto é outro problema. Mas, o que existe em si, pode existir em mim, em ti, se eu e tu realizarmos certas condições para que a realidade em si possa ser uma realidade em nós. Não basta que essa integridade da vida seja *real em si* — ela tem de ser *realizada em mim*, *realizada em ti*.

E é precisamente aqui que entra em cena algo imensamente misterioso — o mistério do *livre-arbítrio*. Pelo poder do livre-arbítrio eu posso *realizar em mim* o que já é *real em si*. Eu posso conscientizar o *real* ao ponto de ele se *realizar* em mim.

Victor Frankl, no seu livro *Teoria e terapia das neuroses*, refere numerosos casos da sua experiência pessoal de médico, na Policlínica Neurológica da Universidade de Viena, onde ele pratica "logoterapia", "visando à realização existencial".

Em 1955, uma das suas pacientes, D. Marion A., lhe confessava o seguinte: "Meu marido saiu no seu carro, como faz todas as noites. Eu, a bem dizer, tenho pena dele. Ele necessita dessa farra. Agora que ele está livre a partir das 5 horas da tarde, a sua falta de sossego o leva para fora de casa. Temos um apartamento convidativo, com rádio e tudo — mas não temos nada a nos comunicar um ao outro. E agora, que tudo virou rotina, lá está o meu grande vácuo. Livros não interessam a meu marido, à exceção de romances criminais e aventureiros; mas essas coisas a gente as vê melhor no cinema, que nos dispensa da leitura — e durante o programa de rádio a gente dorme. Eu não estou com vontade de bancar a mulher incompreendida e tornar-me interessante deste modo".

Assim dizia D. Marion. Algumas semanas depois, após exercícios de análise existencial e logoterapia, escreve ela o seguinte:

"Encontrei-me comigo mesma. Sinto-me perfeitamente segura. Sou feliz. Estou de perfeita saúde. Tenho a impressão de que se me abriu um vasto portal — e eu entrei numa zona de grande claridade. Agora estou tranquila. Estou reconciliada com a vida. A minha vida é bela e maravilhosa. As grandes coisas da nossa vida nunca mais as podemos perder".

Que aconteceu a essa senhora?

Nada lhe aconteceu de novo, pelo lado de fora. Algo de novo lhe deve ter acontecido pelo lado de dentro. As *circunstâncias*, provavelmente, continuaram as mesmas; a sua *substância*, porém, esta se modificou profundamente. Antes ela só conhecia os *objetivos da vida*, inventados pelo pequeno ego — depois descobriu *a razão de ser da sua existência*, dada pelo Eu, e essa descoberta iluminou todas as outras coisas da sua vida. Encontrou-se a si mesma, não apenas como mulher, encontrou-se como ser humano; e dentro dessa luz da sua humanidade "Eu", também as coisas da sua sexualidade e feminilidade "ego" assumiram outro aspecto. A sua *realização existencial* a reconciliou com a sua *frustração sexual*. A firmeza do seu *Eu individual* deu firmeza também ao seu *ego pessoal*. Fez do seu Eu um sol de gravitação central e colocou o seu ego como planeta na órbita de um planeta periférico. Converteu em *harmonia cósmica* a sua *desarmonia caótica*.

Trata-se, pois, de uma harmonização na hierarquia dos valores. Quem coloca um valor secundário em lugar de um valor primário, desequilibra a hierarquia cósmica dos valores — e isto acaba em frustração e infelicidade.

O ponto nevrálgico do problema da frustração é, pois, o encontro do homem com o seu centro existencial. Antes de tudo, deve o homem convencer-se da verdade sobre si mesmo: Sou eu o meu *ego periférico* — ou sou eu o meu *Eu central*?

E, depois de encontrar a verdade sobre si mesmo, deve aplicar os meios convenientes para realizar na vida o que compreendeu como sendo a verdade. Somente a realização da verdade compreendida é que o liberta de todos os males e lhe torna impossível qualquer frustração e infelicidade.

A dificuldade está em que o pequeno ego, por causa de sua pequenez e miopia, não quer esperar; quer colher imediatamente as pequeninas satisfações de cada dia, sem se importar com a felicidade do homem total. Gasta em troco miúdo de prazeres o que devia formar o grande capital da felicidade.

O ego tenta entrar no reino dos céus de contrabando. Mas esse contrabando lhe custa caro. Faltando a visão cósmica do Eu total, nada está seguro no plano do ego parcial.

Realização existencial é cosmoterapia.

O Reino de Deus e sua harmonia – Segredo da Cosmoterapia

Há quase dois mil anos, disse o maior dos Mestres e Curadores a seus discípulos: "Buscai, antes de tudo, o reino de Deus e sua harmonia[1] e todas estas coisas vos serão dadas de acréscimo".

Entro numa usina elétrica.

O gerador está parado.

Não há eletricidade.

Não há mesmo?

Há, sim, mas em estado neutro, universal, em estado de tese, não polarizado. Pois o universo todo é eletricidade.

Para os nossos sentidos, a eletricidade em tese não é real, porque não afeta nenhum dos cinco sentidos. Real é somente a eletricidade em estado de *antítese* ou em estado de *síntese*.

Real, para os sentidos, é somente o *factual*. Entretanto, o verdadeiramente real em si é somente o neutro, o universal, a tese; mas para os nossos sentidos esse estado neutro, universal, tético, é o nada, o irreal; o plenamente real, o oni-real, é para os nossos sentidos o irreal.

---

[1] Nos livros sacros a palavra *dikaiosyne* (justiça) nada tem que ver com a nossa justiça, mas significa a justeza, o correto ajustamento entre o homem e Deus, a harmonia entre o consciente finito e a Consciência Infinita. Por isto usamos a palavra harmonia em vez de justiça.

A Essência é plenamente real, e é por isto que nos parece irreal.

As Existências realizadas nos parecem mais reais do que a própria Essência. Meus sentidos são afetados pelas antíteses e pela síntese existenciais, e não pela tese essencial.

Posso verificar a presença de eletricidade quando em estado antitético, negativo ou positivo, ou em estado sintético, de luz, calor, movimento; mas não em estado tético, neutro, impolar, onipolar.

* * *

Para mim, a Divindade Transcendente, embora seja a Essência, a Tese, o Real, parece ser irreal; só Deus Imanente me parece real, por ser uma facticidade realizada, e não a Realidade plenamente real.

O homem *profano* vive na zona da antítese negativa.

O homem *místico* vive na zona da antítese positiva.

Mas nem o polo negativo, nem o polo positivo, separadamente dão luz, calor, movimento. Falta-lhes a *harmonia*, que resulta da síntese entre estas duas antíteses. "Todas estas coisas" — luz, calor, movimento — só serão dadas a quem realizar a harmonia entre o negativo e o positivo.

Pode o místico viver no "reino de Deus", no seu polo positivo; se não estabelecer a harmonia entre o positivo e o negativo, não lhe serão dadas de acréscimo "todas estas coisas", isto é, as coisas materiais de que o ego tem mister. Todas estas coisas resultam duma harmonia entre o polo positivo-espiritual do Eu e o negativo-material do ego — assim como luz, calor e movimento resultam da harmonia entre o polo positivo e negativo da eletricidade.

Nem o *profano*, isoladamente, nem o místico, separadamente, recebem "todas estas coisas", porque nem neste nem naquele existe a "harmonia" ou sintonização entre os dois polos complementares. O profano, no seu ego unilateral, é caos; o *místico*, no seu Eu unilateral, é monotonia — mas nenhum deles é harmonia, que resulta da onilateralidade.

Esta harmonia é própria do homem *cósmico*, que é onilateral.

Por isto, como mostra a experiência, nem o profano nem o místico recebem todas estas coisas, mas tão-somente o homem cósmico — e até agora apareceu aqui na terra um único homem cósmico, o "filho do homem".

O profano não vê nada do "reino de Deus", só enxerga "Todas

as outras coisas do mundo material; conhece o *Verso*, mas ignora o *Uno* do Universo, e por isto o Universo não lhe é dado de acréscimo. O profano vive no caos da diversidade, sem nenhuma unidade.

O místico vive no *Uno* do mundo do Eu, mas não quer saber do *Verso* do mundo do ego; a sua grandiosa unidade sem diversidade gera monotonia, e não harmonia, e por isto o Universo da harmonia não lhe é dado de acréscimo.

O profano *abusa* de todas as coisas.

O místico *recusa* todas as coisas, a fim de viver só no reino de Deus.

O cósmico *usa* todas as coisas do mundo de Deus em perfeita harmonia com o Deus do mundo — e por isto todas as coisas do Universo lhe são dadas de acréscimo, porque ele mesmo é o homem univérsico — e semelhante atrai semelhante. É esta a grandiosa homeopatia cósmica da harmonia do Universo.

Tem-se perguntado inúmeras vezes por que o homem espiritual é, geralmente, um grande sofredor, quando se devia esperar precisamente o contrário. Embora o místico seja superior ao profano, contudo também ele continua unilateral, no seu polo positivo; não realizou a "harmonia" onilateral, não é ainda um homem cósmico, e por isto não atrai "todas estas coisas", que são dadas ao homem cósmico, que vive na harmonia do Universo.

Quando a eletricidade sai da *Tese* da sua universalidade neutra, entra ela nos dois canais disjuntivos do polo positivo e negativo das *antíteses*; mas nenhuma dessas antíteses, separadamente, dá luz, calor ou movimento; não entraram ainda na zona da harmonia, da complementaridade conjuntiva; somente quando os polos disjuntivos das *antíteses* se harmonizam nos polos conjuntivos da síntese é que aparecem essas maravilhas da luz, do calor e do movimento. São os polos *cosmificados*.

Ora, acontece no mundo da *metafísica* o mesmo que se dá no mundo da *física*: o resultado provém da síntese complementar dos polos, ou seja, da harmonia sintética das antíteses. Estas antíteses, embora pareçam contrárias umas às outras, são realmente complementares. Na eletricidade, o tal chamado polo "negativo" não é nada negativo, no sentido de contrário, hostil, repelente; é precisamente este polo "negativo" que não nega, mas afirma positivamente o outro polo complementar, chamado "positivo". O polo negativo é dotado de poderosa sucção de vacuidade que obriga a plenitude do chamado positivo a se precipitar para dentro dessa tal "vacuidade".

A vacuidade de um polo atrai a plenitude do outro polo — isso vale tanto na física como na metafísica. Neste sentido dizem os Iluminados: "Deus resiste aos soberbos, mas dá sua graça aos humildes"; "se não vos tornardes como crianças, não entrareis no reino dos céus"; "quando o discípulo está pronto, o mestre aparece"; "quem não renunciar a tudo que tem, não pode ser meu discípulo"; "quem perder a sua vida, ganha-la-á"; "eu morro todos os dias, e é por isso que eu vivo".

A harmonia desta síntese complementar negativo-positivo, ego-Eu, material-espiritual, humano-divino, é que gera o homem cósmico-crístico, repleto de luz, calor e força — de saber, amor e atividade.

Ao homem cósmico — que apareceu unicamente no Cristo — "serão dadas todas estas coisas", isto é, tudo aquilo que for necessário para uma vida terrestre dignamente humana. "Serão dadas de acréscimo (*adjicientur*, em latim; *prostethésetai*, em grego), isto é, não é necessário que o homem as conquiste afanosamente, que corra freneticamente atrás destas coisas, mas todas estas coisas da vida material e social lhe serão oferecidas gentilmente pela lei da harmonia cósmica. Por via de regra, o profano é um caçador de matéria morta e de carne viva; a sua vida é um imenso círculo vicioso de ganhar-e-gastar e, depois duma vida não vivida, ele morre como ponto final duma lufa-lufa estéril. Abusa de tudo, não recusa nada, nem usa coisa alguma. O místico, por sua vez, não abusa, mas também não usa — recusa todas as coisas do ego e se isola unilateralmente na torre de marfim do seu Eu. Ambos são unilaterais, um para o extremo do negativo, outro para o extremo do positivo; materialismo versus espiritualismo. Nenhum dos dois vive no equilíbrio da harmonia cósmica. O profano vive para "todas as coisas", dispersivamente — o místico vive no "reino de Deus" introspectivamente — nenhum deles vive na "harmonia cósmica" universicamente.

O *materialismo ocidental* e o *espiritualismo oriental* — nenhum dos dois realizou o "reino de Deus e sua harmonia", e por isto ainda não lhes são dadas de acréscimo todas estas coisas. E por isto o reino de Deus não foi ainda proclamado sobre a face da terra. Porque o reino de Deus e sua harmonia são o mundo do homem cósmico-crístico.

O homem material não é o homem cósmico.

O homem espiritual não é o homem cósmico.

O homem cósmico é uma síntese entre este e aquele, uma

perfeita harmonia entre o UNO da Essência Infinita e o VERSO das Existências Finitas.

Há, na humanidade de hoje, homens materialistas e homens espiritualistas; mas existem como duas metades justapostas, e não como uma unidade organicamente interpenetrada; o homem da síntese cósmica não nasceu ainda, a não ser na forma do Cristo, que não era materialista nem espiritualista — era o homem cósmico, o "filho do homem", isto é, o homem por excelência, o pleni-homem; 82 vezes ocorre esta expressão nas páginas do *Evangelho* e unicamente aplicada ao Cristo. O próprio João Batista é ainda "filho de mulher".

No meu livro *Setas para o infinito* escrevi um capítulo sobre o sentido exato de "filho do homem" e "filho de mulher". O homem comum, por mais espiritual, continua ainda "filho de mulher", ligado por um misterioso "cordão umbilical" ao organismo da Humanidade, dessa mãe universal, e por isto sofre solidariamente os males da Humanidade. Não sofre porque quer, sofre porque deve. Somente o Cristo era um pleninato, desligado do "cordão umbilical" dos filhos de mulher, seminatos, ou nascituros. Se sofreu não sofreu por dever, sofreu por querer. O único sofredor espontâneo até hoje conhecido foi o Cristo, o "filho do homem".

Podem os homens espirituais "buscar em primeiro lugar o reino de Deus", mas nenhum deles, fora do Cristo, estabeleceu a misteriosa "harmonia" entre o Uno espiritual do reino de Deus e o VERSO material das outras coisas, e por isto essas outras coisas ainda não lhe serão dadas de acréscimo.

Somente com o aparecimento do homem cósmico será proclamado o reino de Deus sobre a face da terra — e haverá um novo céu e uma nova terra.

Sob a égide do "reino de Deus e sua harmonia".

Por isto, a verdadeira terapia, a cura radical e integral do homem, não é apenas somatoterapia, nem somente psicoterapia, nem mesmo logoterapia — mas, sim, uma autêntica cosmoterapia. Verdade é que esta terapia cósmica tem por princípio ativo o *Lógos*, o espírito de Deus no homem, o Cristo interno, mas a sua atuação se projeta através de todos os setores da natureza humana.

É uma verdadeira cosmoterapia.

Meditação ou sintonização cósmica?

Muitas pessoas aqui no Ocidente estão se interessando pela meditação. Querem saber o que é, propriamente, meditar, e como se pratica uma meditação ou cosmo-meditação eficiente.

Antes de tudo, julgamos necessário prevenir os interessados que o sentido que costumamos dar à palavra "meditar" não dá idéia daquilo de que se trata realmente. Meditar, para nós, é sinônimo de pensar, analisar, discorrer mentalmente sobre algum tema — coisa que pode interessar ao cientista intelectual, mas não ao sapiente espiritual. A verdadeira meditação ou cosmo-meditação nada tem que ver com essa espécie de pensar ou analisar.

O radical filológico de "meditar" é "med", que constitui também o elemento básico de "medir", "médico", "mediador", "medianeiro", "intermediário", etc. Quer dizer que o verdadeiro sentido de "meditar" designa algo que "medeia", que como uma ponte liga duas coisas, espécie de traço de união entre dois pontos.

A palavra sânscrita "yoga" tem o mesmo sentido: quer dizer "jungir", "ligar".

O vocábulo latino "religio" coincide com o sentido de "yoga" ou "meditação".

Meditar, ou cosmo-meditar é, pois, estabelecer ligação, união, contacto.

Quando estou sentado ao lado do meu aparelho de rádio, procuro afinar ou sintonizar o meu receptor por uma determinada onda eletrônica lançada ao espaço por alguma estação emissora. Há uns decênios que o espaço está constantemente repleto, dia e noite, de milhares de ondas eletrônicas, cada uma de outra frequência. Um convênio internacional distribui e controla os prefixos das emissoras, a fim de evitar interferências perturbadoras entre essas ondas.

Todas essas ondas eletrônicas estão, objetivamente, presentes no meu quarto, ao redor de mim e do meu rádio — mas nenhuma dessas ondas é captada pelo meu rádio a não ser aquela pela qual o meu aparelho receptor está afinado, neste momento. Afinar ou sintonizar quer dizer estabelecer no aparelho receptor perfeita identidade vibratória entre a onda lançada pela estação emissora e a do meu rádio.

Com outras palavras, o meu rádio tem de "meditar", ou "medear", de acordo com a emissora, servir de intermediário fiel entre o receptor e o emissor. O rádio "medita" quando está em perfeita sintonia ou harmonia com a estação emissora; quando tem "fides", fidelidade, com a fonte da emissão eletrônica.

Se a estação emissora emitiu em frequência 100, o meu receptor tem de afinar pela mesma onda 100; se a onda emitida for 1000, o meu rádio deve sintonizar por 1000 — e está em perfeita "meditação" ou "cosmo-meditação".

O cerne, a quintessência da meditação consiste, pois, nessa perfeita identidade de vibração entre o receptor humano e o Emissor divino; e, como o Emissor é invariável em sua permanente e universal atividade emissora, deve o receptor procurar afinar a sua vibração por aquela. O elemento fixo e invariável é o Emissor divino — o fator variável e incerto é o receptor. Este deve adaptar-se àquele, e não vice-versa. Se há dissonâncias, a culpa nunca é do Emissor, mas sempre do receptor, à falta de uma perfeita sintonização.

Esta perfeita sintonização do finito com o Infinito se revela na vida humana como bem-estar, saúde, alegria, felicidade.

A música que eu faço — pode dizer o receptor —, não sou eu que a faço, é o emissor que em mim faz a música; de mim mesmo eu nada posso fazer.

É importante notar o seguinte: a simples presença objetiva das ondas eletrônicas ao redor do rádio não afeta o aparelho; eu não percebo nenhuma música — digamos a Nona Sinfonia de Beethoven ou a Ave-Maria de Schubert — pelo simples fato de estarem estas melodias presentes eletronicamente; eu só as percebo a partir do momento em que o meu rádio sintoniza com a frequência certa da respectiva onda.

Esta sintonização é, portanto, uma espécie de *consciência* ou *conscientização*. Sintonizar (*syn* + *tonus*) é fazer coincidir o tom do receptor com o *tom* do Emissor. É o princípio da unidade, da harmonia.

O meu aparelho receptor deve, pois, *conscientizar* ou *meditar* perfeitamente com a estação emissora. A música emitida é igual à música recebida.

* * *

As ondas eletrônicas, antes de entrarem no microfone da Emissora, eram ondas aéreas, duma voz humana, ou dum disco. Essas vibrações aéreas pereceriam, daí a poucos metros. Mas a nossa ciência e técnica conseguiram transformar essas ondas do ar, grosseiras e frágeis, em ondas sutis e fortes do éter. E, nesta qualidade de ondas eletrônicas, elas viajam instantaneamente ao redor do globo e através dos espaços cósmicos, indiferentes a impactos físicos e distâncias. Entrando no receptor de rádio, essas ondas eletrônicas, ex-aéreas, são novamente convertidas em ondas aéreas, perfeitamente equivalentes às que, na estação emissora, entraram no microfone. Ondas eletrônicas não afetariam o nosso tímpano e nervo auditivo, e nós não teríamos consciência da sua presença, se esta presença eletrônica não fosse convertida em presença aérea.

O meu rádio "medita" ou "cosmo-medita", "conscientiza", através de todo esse processo, serve de mediador entre mim e a estação emissora.

* * *

O cosmo, em sua essência divina, é uma gigantesca Emissora Universal. O Uno emite sem cessar ondas ou vibrações, que o Verso percebe como

— ondas vitais
— ondas mentais
— ondas racionais.

Vida, inteligência, razão, são a substância e a função do cosmo, da alma do Universo; são atividades do grande UNO, que se manifesta através do VERSO, formando este grandioso UNIVERSO, a alma divina do cosmo, que se revela através dos corpos do cosmo.

Os organismos vivos estão sintonizados pela Vida do cosmo.

Os indivíduos inteligentes captam as vibrações da Inteligência do cosmo.

Os seres racionais recebem as vibrações da Razão Cósmica.

Quando o homem cosmo-medita, no sentido explicado, não pensa, não analisa, não produz vibrações mentais, mas oferece a sua mente como canal mediador por onde possam fluir as águas vivas da Fonte. Quando o homem atinge o zênite da meditação, que chamamos intuição ou contemplação, a razão (espírito) humana sintoniza plenamente com a Razão Cósmica.

E é então que o homem é 100% receptivo, porque é um canal e veículo plenamente idôneo para receber as águas vivas da Fonte Infinita.

* * *

Todos os mundos ou vibrações cósmicas estão onipresentes, simultaneamente presentes ao redor de mim. Eu estou envolto numa imensa rede de ondas cósmicas, de vibrações reais, porém invisíveis, que me envolvem de todos os lados, assim como as ondas eletrônicas envolvem o meu aparelho de rádio. Mas eu nada sei desses mundos que me circundam, enquanto não estabelecer sintonização ou harmonia entre o meu Eu subjetivo e esses mundos objetivos.

Esta sintonização se chama *consciência* ou *conscientização*[1]. No momento da conscientização, eu sintonizo o meu receptor com o emissor cósmico. E, neste momento, "eu e o cosmo somos um... o cosmo está em mim, e eu estou no cosmo".

A arte de cosmo-meditar consiste, pois, na idoneidade de estabelecer identidade de vibração entre o meu Eu e a alma do cosmo (que as religiões chamam Deus, Brahman, etc.).

---

[1] Note-se a filologia da palavra *consciente*: *sciente* com Eu, o sujeito, tenho ciência com algum objeto.

Deus é a Essência Invisível dentro de todas as Existências Visíveis.

"Deus é a alma do Universo, e o Universo é o Corpo de Deus" (Spinoza).

Quando o homem medita ou sintoniza, abre uma entrada por onde a alma do Universo, Deus, entra nele.

Cosmo-meditar é, pois, antes uma *passividade receptiva* do que uma *atividade factiva*; é antes um *receber* do que um *fazer* — assim como um rádio tem de antes de poder fazer ou irradiar música. Dar sem ter recebido é fictício, ilusório.

O receber é uma *passividade mística* — que gera uma *atividade ética*.

O rádio só pode dar *música audível* depois de receber *música inaudível*.

Ninguém pode emitir, dar, fazer a música audível da ética, sem primeiro receber a música inaudível da mística.

Ninguém pode realizar o segundo mandamento de "amar o próximo como a si mesmo" sem primeiro realizar o primeiro mandamento de "amar o Senhor seu Deus com toda a alma, com toda a mente, com todo o coração e com todas as suas forças".

Na meditação, tudo depende do grau de receptividade do meditante, porquanto as obras que ele faz não é ele, o aparelho humano ego, que as faz — assim como não é o meu rádio que faz a música, mas é a estação emissora que faz a música através do aparelho receptor do rádio. Só depois de receber é que o rádio pode emitir a música, que não é propriamente dele, mas da estação emissora; de si mesmo não pode o rádio fazer música alguma.

O *fazer* do rádio depende do *receber* da parte do Emissor.

Donde se conclui que o meditante será tanto mais eficiente quanto menos *faciente* e quanto mais *recipiente*.

Sendo, porém, que o ego se julga muito faciente, até *onifaciente*, é dificílimo convencê-lo de que ele deve ser *nada-faciente*, mas, sim, *cosmo-recipiente*, oni-recipiente, teo-recipiente.

Depois de se ter consolidado definitivamente nessa *cosmo-recipiência* poderá o homem tornar-se, um dia, *cosmo-faciente*.

Mas o passo decisivo está na transição da *ilusória ego-faciência* para a *verdadeira cosmo-recipiência*.

O primeiro passo do meditante está em deixar de ser ego-pensante, ego-vivente, ego-agente — e permitir que seja cosmo-pensado, cosmo-vivido, cosmo-agido.

Neste processo, o Eu cósmico é o fator ativo, pensante, vivente, agente — ao passo que o ego personal é passivo, pensado, vivido, agido.

As obras que eu faço são feitas pelo Eu cósmico, através do ego humano.

Com outras palavras: o profano, que é ego-pensante, passa pela fase mística do ser cosmo-pensado e, algum dia, chegará ao plano cósmico de ser cosmo-pensante.

Para 90% dos homens ocidentais, o mais importante passo é a transição da ego-consciência profana para a Eu-consciência mística. Aqui no Ocidente prevalece o ego-pensante — no Oriente talvez haja mais homens cosmo-pensados.

Mas nem o Ocidente nem o Oriente conseguiram, em maior escala, o estado cosmo-pensante que era o característico do Cristo.

Do antepenúltimo através do penúltimo até ao último.

O homem cosmo-pensante seria o homem integral, o pleni-homem, o homem cósmico, o homem crístico.

É este o fim último de toda a verdadeira cosmo-meditação.

E esta culmina, cedo ou tarde, em cosmoterapia.

Na superação de todos os males pela consciência cósmica — pela experiência univérsica.

"Eu já venci o mundo."

A soberania da substância e a tirania das circunstâncias

O que dificulta ao homem harmonizar o seu "Verso" finito com o "Uno" infinito são as *circunstâncias*, plenamente conscientes" sobre a sua *substância*, quase sempre inconsciente, parcial ou totalmente.

As circunstâncias são os fatos externos.

A substância é a realidade interna.

O ego conhece as circunstâncias — mas ignora, geralmente, a substância do Eu.

E assim a luta é desigual — e a substância do Eu é derrotada pelas circunstâncias do ego, embora, de per si, o Eu seja infinitamente mais poderoso do que o ego. Enquanto o pigmeu do ego está plenamente acordado, e o gigante do Eu está, total ou parcialmente, dormente, a consequência é a derrota deste e a vitória daquele.

Que entendemos por circunstâncias?

As circunstâncias podem ser reduzidas a três classes:

1) a natureza externa, impersonal,

2) a natureza externa, personal, ou seja, a humanidade que nos rodeia,

3) a natureza interna do próprio ego personal de cada homem.

Objetos, pessoas alheias, pessoa própria — são estas as circunstâncias que, geralmente, impedem o homem de libertar a sua substância interna, o seu Eu central, a sua profunda Realidade.

São as *Facticidades* em luta com a *Realidade*, na linguagem de Victor Frankl e de outros psicólogos modernos.

A luta se decide a favor do *ego factual* e contra o *Eu real*, porque este, embora mais poderoso em si, não se encontra ainda no mesmo grau de vigília como aquele. O grau de vigília, ou de consciência, é que decide sobre o resultado. Se o homem tem 100% de consciência vígil no mundo da sua substância, é inevitável que o ego das circunstâncias derrote o Eu da substância.

Para inverter o resultado, para dar vitória ao Eu substancial sobre o ego circunstancial, é necessário dar ao Eu maior grau de consciência vígil. Para garantir vitória à substância Eu sobre as circunstâncias ego não é necessário diminuir estas — basta aumentar ou intensificar aquela.

Se o meu Eu 50% acordado passar a ser um Eu 100% acordado, não pode ser derrotado pelo ego, mas está, pelo menos, equilibrado com ele. Mas, se o meu Eu intensificar a sua vigília consciente, subindo, por exemplo, a 150% ou mais, é matematicamente certo que o Eu será soberano, e o ego será servo, a soberania da substância do Eu Real cantará vitória sobre as tiranias das circunstâncias do ego factual.

A Realidade, quando plenamente conscientizada, triunfará sobre todas as Facticidades, e estas serão incorporadas como servos dóceis à soberania da Realidade do Eu.

O Eu plenamente conscientizado é absolutamente *Realista*, no verdadeiro sentido desta palavra, cosmicamente realista.

Na física nuclear dos nossos dias, a *matéria* é menos real que a *energia*, e esta é menos real que a *luz*. Para a ciência moderna, a luz é a mais alta realidade do mundo físico, embora seja a menos material. Material e Real, na ciência eletrônica dos nossos dias, se acham em campos opostos: tanto mais real é uma coisa quanto menos material, e vice-versa.

No terreno da metafísica acontece algo parecido: o ego é menos real que o Eu, embora pareça aos inexperientes o contrário. O ego material é menos real do que o ego mental e o ego emocional — e o Eu espiritual é muito mais real do que todos os egos, pseudorreais ou semirreais.

A vitória do Eu substancial sobre os egos circunstanciais depende, pois, duma consciência plenamente realizada.

As Facticidades do ego estão no nadir — a Realidade do Eu está no zênite.

Em primeiro lugar, deve o homem visualizar, mesmo em simples teoria (visão), esta verdade. Depois, deve afirmar categoricamente esta verdade. E, por fim, verá que esta visão e esta constante afirmação da verdade se converterão numa integração: o homem integra a sua consciência finita na Consciência Infinita. O homem se cosmifica.

Não é a Realidade em si que me liberta é a consciência da Realidade que me liberta da escravidão, da maldade e dos males.

A Realidade conscientizada é onipotente. Nenhum mal é compatível com a Realidade plenamente conscientizada.

Isto se chama, nos livros sacros, "andar na presença de Deus", "orar sempre".

Neste sentido também disse o divino Mestre:

"Conhecereis a Verdade — e a Verdade vos libertará".

A Verdade é a harmonia entre o meu pensamento, ou a minha consciência, e a Realidade. Esta harmonia me faz Realista e Realizado. O verdadeiro Realista ou Realizado não é autor de maldades nem vítima de males, porque maldades e males são ausência de Realidade, são pseudorrealização.

Todo o segredo da vitória está nessa harmonia consciente entre mim e a Realidade, que é Realização.

E essa harmonização supõe *unipolaridade* mental e espiritual.

Pluripolaridade é fraqueza — unipolaridade é força.

O homem profano, ego-consciente, é dispersivo, pluripolar — o homem Eu-consciente, iniciado, é concentrado, unipolar.

O homem-ego passa a vida inteira lutando contra as *circunstâncias* em que ele enxerga a causa dos seus males; quer eliminar as circunstâncias adversas, na certeza de que ele é infeliz por causa dessas circunstâncias, os fatos externos do mundo objetivo. E ele diz consigo: se eu conseguisse eliminar a circunstância A, B ou C; se não fosse fulano, sicrano ou beltrano — eu seria feliz. E, devido a essa ilusão fundamental, o homem não alcança a felicidade. Ninguém pode modificar essencialmente as circunstâncias, os fatos objetivos — nem é necessário. A única coisa que ele pode e deve modificar é sua substância subjetiva, humana, sua atitude em face dos objetos, das pessoas, das circunstâncias. Uma vez modificada essa atitude subjetiva, o homem verifica com grande surpresa que as circunstâncias objetivas, os fatos externos, estão mudados, embora continuem os mesmos, porque ninguém enxerga as coisas assim como são elas, mas, sim, como ele é. Mudada a atitude subjetiva, as coisas objetivas aparecem mudadas — e está resolvido o problema.

Não é necessário combater as trevas — basta acender uma luz, e não há nada que combater. A treva é uma ausência, a luz é presença — e onde há presença não há ausência.

Não há necessidade de combater os males — basta realizar o bem.

Onde o bem é plenamente realizado, aí não há males a serem combatidos.

No princípio, as circunstâncias se nos apresentam como muralhas maciças, opacas, que se interpõem entre nós e a felicidade.

Depois conseguimos iluminar essas muralhas com a luz da nossa boa vontade; mas as muralhas, apesar de iluminadas por fora, continuam a ser muralhas opacas e impenetráveis.

Finalmente, graças à compreensão da Realidade, essas muralhas opacas se tornam transparentes como puros cristais, que não interceptam a luz, mas deixam penetrar a luz e a dispersam suavemente em lindas cores, como um prisma — e então verifica o homem que não há nenhuma necessidade de eliminar as tais muralhas das circunstâncias, porque elas deixaram de ser empecilho e se tornaram auxílio para a sua autorrealização. Uma vez mudada a substância, aparecem as circunstâncias como mudadas — a muralha, ontem empecilho opaco, se tornou hoje auxílio transparente.

Uma vez saboreada a Realidade do "Uno", todos os "Versos" adquirem outro sabor. A Essência do "Uno" essencializa todas as Existências dos "Versos" — e o Universo é maravilhoso.

Quem uma única vez saboreou a embriaguez do grande "Uno" da Realidade, dificilmente voltará a ter saudades do bagaço profano dos "Versos" — das Facticidades — porque esse bagaço profano foi sacralizado.

O vidente da Realidade não despreza os profanos das Facticidades, mas tem pena deles, como o liberto tem pena de um prisioneiro, embora este tenha dourado as grades do seu cárcere e o chame seu "palácio". Cárcere dourado também é cárcere.

A libertação não consiste na eliminação das circunstâncias de fora, mas, sim, na intensificação da substância de dentro.

É esta, sem dúvida, a maior tragicidade do homem-ego: passar a vida inteira a lutar contra circunstâncias, nas quais ele vê a causa da sua infelicidade; não enxerga que a presença das circunstâncias A, B ou C não é a verdadeira causa da sua infelicidade, e sim, a ausência ou inconsciência da sua própria substância. Esse homem luta contra um inimigo ilusório e não enxerga o inimigo real.

Todo o homem-ego é essencialmente um Dom Quixote, que passou uma noite toda lutando contra moinhos de vento, que ele considerava formidável regimento de inimigos armados contra ele. É tremendamente difícil convencer o homem do seu dom-quixotismo; ele toma o seu ilusionismo pela pura realidade e considera a realidade dos que conhecem o Eu como quimérico idealismo irreal, como pura mistificação.

Para a maior parte dos homens-ego o principal obstáculo são os outros homens. Ele sofre dum *ofendismo crônico*, que por vezes se manifesta em forma de *ofendite* aguda. Sente-se sempre rodeado de ofensores e tenta acabar com eles, esquecido de que não existe nenhuma possibilidade de acabar com todos os ofensores, que são milhares e milhões, pelo menos ofensores potenciais; pois todo o homem-ego é potencialmente ofensor de outro homem-ego.

Quando conseguiria o ofendido eliminar, matar ou converter todos os seus ofensores? Em 10 anos? Em 100 anos? Em 1.000 anos? Nunca!

Não seria mais prático, em vez de querer acabar com milhares de ofensores, acabar com o único ofendido, que é esse homem-ego? Pois, enquanto o meu ego for ego, ele é ofendível, e, enquanto eu sou ofendível, a cada momento posso sentir-me ofendido. A ofendibilidade incubada pode, a qualquer momento, eclodir numa ofensa, estabelecendo ofendismo crônico e ofendite aguda — numa interminável reação em cadeia.

Praticamente, a vida de todo homem-ego é esse interminável círculo vicioso, de ofensas incubadas e ofensas eclodidas. Ofendismo crônico — ou ofendite aguda.

E como um homem ofendível ou ofendido poderia ser feliz?

Feliz só pode ser o homem inofendível e não ofendido — mas esse homem superou o plano horizontal do ego e subiu à grande vertical do Eu, onde o homem pode dizer com Mahatma Gandhi: "Nada tenho que perdoar, porque nunca ninguém me ofendeu".

O ego de má vontade, quando ofendido, se vinga.

O ego de boa vontade, quando ofendido, perdoa.

Mas o Eu nada tem de que se vingar, nada tem o que perdoar — porque não pode sentir-se ofendido, por ser "a luz do mundo", por ser "o reino de Deus", por ser o "Cristo interno", o "Pai em nós".

Segue-se, com todo o rigor da lógica matemática, que eu não posso ser feliz, enquanto não for inofendível, e não poderei ser inofendível enquanto não ultrapassar o plano do ego e subir às alturas do Eu, onde me sentirei plenamente liberto de ofensa e ofendibilidade.

A felicidade não está, pois, em acabar com os meus ofensores, mas, sim, e unicamente, em acabar com o meu ofendido, ou ofendível, que é o meu pobre ego humano, que tem de subir às alturas do grande Eu divino.

É esta a única terapia ao meu alcance.

Quase todos nós, em pequeno, tivemos de aprender que o pecado ofende a Deus. Se Deus fosse ofendível, seria ele um pobre ego, que não conseguiu ultrapassar a zona da ofendibilidade.

Quanto mais o homem se aproxima de Deus, do Deus inofendível, tanto mais inofendível se torna ele mesmo.

No texto grego do *Novo Testamento* nunca se fala em "perdoar", mas, em "desligar"; o homem deve desligar-se do plano do ofensor, que está na dimensão do ego ofendível, e entrar na zona do Eu, que é inofendível — está resolvido o problema central da vida.

Que estupenda cosmoterapia!

Como realizar a Cosmoterapia

Sendo que os males do homem vêm do seu ego-consciente ilusório, e todos os bens lhe advêm do verdadeiro *cosmo-consciente*, segue-se que o homem ego-consciente, para se libertar dos seus males, deve torna-se cosmo-consciente, ou seja, cristo-consciente, teo-consciente.

Esta invasão cósmica, porém, só é possível se o ego a permitir, se o homem-ego se abrir ao influxo do espírito cósmico.

No meio das ruidosas facticidades de cada dia, que perfazem as vinte e quatro horas diárias do homem ocidental, não é possível essa invasão cósmica, essa cosmoterapia.

Por isto é indispensável que o homem modifique o seu programa diário, que inclua no seu diário repleto de ruídos profanos um período de silêncio sagrado.

Essa entrada no santuário do silêncio não é um escapismo — como muitas vezes acontece no Oriente — mas é, ou deve ser uma espécie de "retirada estratégica da vida", com o fim de dar conteúdo e grandeza à vida.

Quem nunca se retirou do ruidoso *samsara* da vida para o silencioso *nirvana* da solidão, não tem poder sobre a sua vida, vive ou vegeta uma vida vazia, uma deslumbrante vacuidade. 90% dos homens e das mulheres de hoje, dizem os médicos e psiquiatras, são neuróticos ou neurastênicos — por quê? Porque vivem na vacuidade dos seus ruídos e ignoram a plenitude do silêncio.

Somente uma retirada estratégica da vida confere à vida plenitude de poder, de alegria e felicidade.

Essa retirada não é um escapismo, uma fuga da vida, mas é uma retirada estratégica das vacuidades, rumo à plenitude, com o fim de carregar a bateria espiritual e depois utilizar essa energia acumulada para todos os setores da vida profissional.

O homem *profano* tenta curar as facticidades pelas facticidades, as coisas do ego pelo próprio ego — e não percebe que isto é um círculo vicioso, um processo ineficiente, tão ineficiente como o de quem tentasse mover uma turbina com as águas dum lago no mesmo nível. De nível para nível não há força, não há voltagem, porque não há desnível, distância, alteridade.

O homem *místico*, desiludido desse círculo vicioso do profano, desespera da cura na vida presente aqui na terra e se refugia a uma cura além-túmulo ou além-terra; crê numa terapia no futuro e em outros mundos, mas descrê de uma terapia aqui e agora.

O homem *cósmico* ou universico, porém, é tão intensamente realista que sente em si o poder de curar as coisas da vida material pelo impacto da consciência espiritual; não é unilateralmente aquém-nista, como o profano; nem é unilateralmente além-nista, como os místicos — o homem cósmico é onilateralmente universalista, univérsico.

O homem profano só se interessa pelo homem-corpo.

O homem místico só crê no homem-espírito.

Mas o corpo sem alma é cadáver — e a alma sem corpo é fantasma.

Homem-cadáver ou homem-fantasma não resolvem o problema.

O homem cósmico, porém, não quer saber de homem-cadáver nem de homem-fantasma — ele quer o homem-homem, o homem-real, o homem integral, o homem-corpo-e-alma.

Esse homem integral não é comum nem no Ocidente nem no Oriente. Será que existe mesmo? No meu livro *Cosmorama* tentei dar um retrato autêntico do homem integral, do homem cósmico.

Há quase 2.000 anos que vivia, aqui na terra, um homem cósmico, equidistante do Ocidente e do Oriente — tanto assim que viveu na linha divisória entre os dois hemisférios, na Palestina — porque a sua consciência era universal, síntese de tudo que há de bom no Ocidente e no Oriente. O grosso dos seus discípulos, porém, não compreendeu esse homem cósmico; uns caíram no materialismo ocidental, outros se volatizaram no espiritualismo oriental — poucos compreenderam o Realismo Universal do Mestre.

"Haverá um novo céu e uma nova terra...

O reino de Deus será proclamado sobre a face da terra"...

Estas palavras proféticas do *Apocalipse* foram realizadas pelo homem cósmico, que a si mesmo se chamava sempre "o filho do Homem".

Se a humanidade tivesse aceitado a mensagem desse homem integral, não haveria lugar para cosmoterapia, porque nenhuma terapia tem cabimento no homem cósmico, uma vez que nele não há males nem maldades. Mas, como o grosso da humanidade não aceitou a mensagem cristo-cósmica desse homem, é necessário traçar diretrizes para uma cosmoterapia ou cristoterapia.

A alma desta terapia só pode ser conscientizada em período de profundo silêncio e solidão. Enquanto o homem não tomar a sério o sentido desse silêncio e dessa solidão não haverá cosmoterapia. Todos os grandes iluminados e iniciados, de todos os tempos e países, viveram dias, semanas, meses, e alguns até anos, em profundo e dinâmico silêncio, permitindo que a plenitude cristo-cósmica fluísse para dentro da sua ego-vacuidade.

Enquanto o nosso pequeno ego pensa, fala e ouve falar, consegue ele sobreviver — mas, quando deixa de pensar, de falar e de ouvir falar, começa a agonizar e, se persistir no silêncio, acabará por se afogar nesse Oceano Pacífico do silêncio redentor. E então, após esse egocídio, pode nascer o Eu crístico, e esse homem pode dizer:

"Eu morri, e é por isto que eu vivo, mas já não sou eu (ego) que vivo, o Cristo (Eu) é que vive em mim". Eu não sou mais ego-vivente — eu sou Cristo-vivido"...

O ego vive no barulho e do barulho — e morre no silêncio.

O Eu, sendo Deus no homem, vive no silêncio como a Divindade. Mas esse silêncio é mil vezes mais fecundo que todos os ruídos. Não é um silêncio-vacuidade, é um silêncio-plenitude. Não é um silêncio de ausência, é um silêncio de presença — é a mais poderosa presença, a onipresença cósmica da Infinita Realidade.

Somente esta poderosa presença da Realidade é que pode realizar o homem. Nunca nenhum homem se realizou a não ser nas profundezas do Silêncio-Realidade.

Até há pouco não tínhamos, aqui no Ocidente, lugares apropriados onde o homem pudesse viver despreocupado em longos períodos de silêncio e solidão. Ultimamente, porém, o movimento mundial, que no Brasil tomou o nome de "Alvorada", (Centro de autorrealização), construiu ou está construindo alguns lugares apropriados onde almas desejosas do seu encontro com Deus encontrarão ambiente propício para a realização desse anseio.

Os nossos centros e santuários de sintonização cósmica não têm caráter residencial, como no Oriente; servem para retiros temporários, tanto coletivos como individuais. São centros de renovação espiritual, onde o homem poderá carregar a sua bateria e com essas energias acumuladas beneficiar a sua vida e a vida dos outros.

Centros de cosmoterapia.

Huberto Rohden

Nasceu na antiga região de Tubarão, hoje São Ludgero, Santa Catarina, Brasil em 1893. Fez estudos no Rio Grande do Sul. Formou-se em Ciências, Filosofia e Teologia em universidades da Europa — Innsbruck (Áustria), Valkenburg (Holanda) e Nápoles (Itália).

De regresso ao Brasil, trabalhou como professor, conferencista e escritor. Publicou mais de 65 obras sobre ciência, filosofia e religião, entre as quais várias foram traduzidas para outras línguas, inclusive para o esperanto; algumas existem em braile, para institutos de cegos.

Rohden não era filiado a nenhuma igreja, seita ou partido político. Fundou e dirigiu o movimento filosófico e espiritual Alvorada.

De 1945 a 1946 teve uma bolsa de estudos para pesquisas científicas, na Universidade de Princeton, New Jersey (Estados Unidos), onde conviveu com Albert Einstein e lançou os alicerces para o movimento de âmbito mundial da Filosofia Univérsica, tomando por base do pensamento e da vida humana a constituição do próprio Universo, evidenciando a afinidade entre Matemática, Metafísica e Mística.

Em 1946, Huberto Rohden foi convidado pela American University, de Washington, D.C., para reger as cátedras de Filosofia Universal e de Religiões Comparadas, cargo este que exerceu durante cinco anos.

Durante a última Guerra Mundial foi convidado pelo Bureau of Inter-American Affairs, de Washington, para fazer parte do corpo de tradutores das notícias de guerra, do inglês para o português. Ainda na American University, de Washington, fundou o Brazilian Center, centro cultural brasileiro, com o fim de manter intercâmbio cultural entre o Brasil e os Estados Unidos.

Na capital dos Estados Unidos, Rohden freqüentou, durante três anos, o Golden Lotus Temple, onde foi iniciado em *Kriya-yoga* por Swami Premananda, diretor hindu desse *ashram*.

Ao fim de sua permanência nos Estados Unidos, Huberto Rohden foi convidado para fazer parte do corpo docente da nova International Christian University (ICU) de Metaka, Japão, a fim de reger as cátedras de Filosofia Universal e Religiões Comparadas; mas, por causa da guerra na Coréia, a universidade japonesa não foi inaugurada, e Rohden regressou ao Brasil. Em São Paulo foi nomeado professor de Filosofia na Universidade Mackenzie, cargo do qual não tomou posse.

Em 1952, fundou em São Paulo a Instituição Cultural e Beneficente Alvorada, onde mantinha cursos permanentes em São Paulo, Rio de Janeiro e Goiânia, sobre Filosofia Univérsica e Filosofia do Evangelho, e dirigia Casas de Retiro Espiritual (*ashrams*) em diversos estados do Brasil.

Em 1969, Huberto Rohden empreendeu viagens de estudo e experiência espiritual pela Palestina, Egito, Índia e Nepal, realizando diversas conferências com grupos de iogues na Índia.

Em 1976, Rohden foi chamado a Portugal para fazer conferências sobre autoconhecimento e autorrealização. Em Lisboa fundou um setor do Centro de Autorrealização Alvorada.

Nos últimos anos, Rohden residia na capital de São Paulo, onde permanecia alguns dias da semana escrevendo e reescrevendo seus livros, nos textos definitivos. Costumava passar três dias da semana no *ashram*, em contato com a natureza, plantando árvores, flores ou trabalhando no seu apiário-modelo.

Quando estava na capital, Rohden frequentava periodicamente a editora responsável pela publicação de seus livros, dando-lhe orientação cultural e inspiração.

À zero hora do dia 8 de outubro de 1981, após longa internação em uma clínica naturista de São Paulo, aos 87 anos, o professor Huberto Rohden partiu deste mundo e do convívio de seus amigos e discípulos. Suas últimas palavras em estado consciente foram: "Eu vim para servir à Humanidade".

Rohden deixa, para as gerações futuras, um legado cultural e um exemplo de fé e trabalho somente comparados aos dos grandes homens do século XX.

Huberto Rohden é o principal editando da Editora Martin Claret.

Relação de obras do Prof. Huberto Rohden

Coleção Filosofia Universal

O pensamento filosófico da Antiguidade
A filosofia contemporânea
O espírito da filosofia oriental

Coleção Filosofia do Evangelho

Filosofia cósmica do Evangelho
O Sermão da Montanha
Assim dizia o Mestre
O triunfo da vida sobre a morte
O nosso Mestre

Coleção Filosofia da Vida

De alma para alma
Ídolos ou ideal?
Escalando o Himalaia
O caminho da felicidade
Deus
Em espírito e verdade
Em comunhão com Deus
Cosmorama
Por que sofremos
Lúcifer e Lógos
A grande libertação

Bhagavad Gita (tradução)
Setas para o infinito
Entre dois mundos
Minhas vivências na Palestina, Egito e Índia
Filosofia da arte
A arte de curar pelo espírito. Autor: Joel Goldsmith (tradução)
Orientando
"Que vos parece do Cristo?"
Educação do homem integral
Dias de grande paz (tradução)
O drama milenar do Cristo e do Anticristo
Luzes e sombras da alvorada
Roteiro cósmico
A metafísica do cristianismo
A voz do silêncio
Tao Te Ching de Lao-tse (tradução) — ilustrado
Sabedoria das parábolas
O 5º Evangelho segundo Tomé (tradução)
A nova humanidade
A mensagem viva do Cristo (Os quatro Evangelhos — tradução)
Rumo à consciência cósmica
O homem
Estratégias de Lúcifer
O homem e o Universo
Imperativos da vida
Profanos e iniciados
Novo Testamento
Lampejos evangélicos
O Cristo cósmico e os essênios
A experiência cósmica

Coleção Mistérios da Natureza

Maravilhas do Universo
Alegorias
Ísis
Por mundos ignotos

Coleção Biografias

Paulo de Tarso
Agostinho
Por um ideal — 2 vols. — autobiografia
Mahatma Gandhi — ilustrado
Jesus Nazareno — 2 vols.
Einstein — O enigma da Matemática — ilustrado
Pascal — ilustrado
Myriam

Coleção Opúsculos

Catecismo da filosofia
Saúde e felicidade pela cosmo-meditação
Assim dizia Mahatma Gandhi (100 pensamentos — tradução)
Aconteceu entre 2000 e 3000
Ciência, milagre e oração são compatíveis?
Autoiniciação e cosmo-meditação
Filosofia univérsica — sua origem, sua natureza e sua finalidade

Sumário

Os Objetivos, a Filosofia e a Missão da Editora Martin Claret

O principal Objetivo da MARTIN CLARET é continuar a desenvolver uma grande e poderosa empresa editorial brasileira, para melhor servir a seus leitores.

A Filosofia de trabalho da MARTIN CLARET consiste em criar, inovar, produzir e distribuir, sinergicamente, livros da melhor qualidade editorial e gráfica, para o maior número de leitores e por um preço economicamente acessível.

A Missão da MARTIN CLARET é conscientizar e motivar as pessoas a desenvolver e utilizar o seu pleno potencial espiritual, mental, emocional e social.

A MARTIN CLARET está empenhada em contribuir para a difusão da educação e da cultura, por meio da democratização do livro, usando todos os canais ortodoxos e heterodoxos de comercialização.

A MARTIN CLARET, em sua missão empresarial, acredita na verdadeira função do livro: o livro muda as pessoas.

A MARTIN CLARET, em sua vocação educacional, deseja, por meio do livro, claretizar, otimizar e iluminar a vida das pessoas.

Revolucione-se: leia mais para ser mais!

MARTIN CLARET

Relação dos Volumes Publicados

1. Dom Casmurro
Machado de Assis
2. O Príncipe
Maquiavel
3. Mensagem
Fernando Pessoa
4. O Lobo do Mar
Jack London
5. A Arte da Prudência
Baltasar Gracián
6. Iracema / Cinco Minutos
José de Alencar
7. Inocência
Visconde de Taunay
8. A Mulher de 30 Anos
Honoré de Balzac
9. A Moreninha
Joaquim Manuel de Macedo
10. A Escrava Isaura
Bernardo Guimarães
11. As Viagens - "Il Milione"
Marco Polo
12. O Retrato de Dorian Gray
Oscar Wilde
13. A Volta ao Mundo em 80 Dias
Júlio Verne
14. A Carne
Júlio Ribeiro
15. Amor de Perdição
Camilo Castelo Branco
16. Sonetos
Luís de Camões
17. O Guarani
José de Alencar
18. Memórias Póstumas de Brás Cubas
Machado de Assis
19. Lira dos Vinte Anos
Álvares de Azevedo
20. Apologia de Sócrates / Banquete
Platão
21. A Metamorfose/Um Artista da Fome/Carta a Meu Pai
Franz Kafka
22. Assim Falou Zaratustra
Friedrich Nietzsche
23. Triste Fim de Policarpo Quaresma
Lima Barreto
24. A Ilustre Casa de Ramires
Eça de Queirós
25. Memórias de um Sargento de Milícias
Manuel Antônio de Almeida
26. Robinson Crusoé
Daniel Defoe
27. Espumas Flutuantes
Castro Alves
28. O Ateneu
Raul Pompéia
29. O Noviço / O Juiz de Paz da Roça / Quem Casa Quer Casa
Martins Pena
30. A Relíquia
Eça de Queirós
31. O Jogador
Dostoiévski
32. Histórias Extraordinárias
Edgar Allan Poe
33. Os Lusíadas
Luís de Camões
34. As Aventuras de Tom Sawyer
Mark Twain
35. Bola de Sebo e Outros Contos
Guy de Maupassant
36. A República
Platão
37. Elogio da Loucura
Erasmo de Rotterdam
38. Caninos Brancos
Jack London
39. Hamlet
William Shakespeare
40. A Utopia
Thomas More
41. O Processo
Franz Kafka
42. O Médico e o Monstro
Robert Louis Stevenson
43. Ecce Homo
Friedrich Nietzsche
44. O Manifesto do Partido Comunista
Marx e Engels
45. Discurso do Método / Meditações
René Descartes
46. Do Contrato Social
Jean-Jacques Rousseau
47. A Luta pelo Direito
Rudolf von Ihering
48. Dos Delitos e das Penas
Cesare Beccaria
49. A Ética Protestante e o Espírito do Capitalismo
Max Weber
50. O Anticristo
Friedrich Nietzsche
51. Os Sofrimentos do Jovem Werther
Goethe
52. As Flores do Mal
Charles Baudelaire
53. Ética a Nicômaco
Aristóteles
54. A Arte da Guerra
Sun Tzu
55. Imitação de Cristo
Tomás de Kempis
56. Cândido ou o Otimismo
Voltaire
57. Rei Lear
William Shakespeare
58. Frankenstein
Mary Shelley
59. Quincas Borba
Machado de Assis
60. Fedro
Platão
61. Política
Aristóteles
62. A Viuvinha / Encarnação
José de Alencar
63. As Regras do Método Sociológico
Émile Durkheim
64. O Cão dos Baskervilles
Sir Arthur Conan Doyle
65. Contos Escolhidos
Machado de Assis
66. Da Morte / Metafísica doAmor / Do Sofrimento do Mundo
Arthur Schopenhauer
67. As Minas do Rei Salomão
Henry Rider Haggard
68. Manuscritos Econômico-Filosóficos
Karl Marx
69. Um Estudo em Vermelho
Sir Arthur Conan Doyle
70. Meditações
Marco Aurélio
71. A Vida das Abelhas
Maurice Materlinck
72. O Cortiço
Aluísio Azevedo
73. Senhora
José de Alencar
74. Brás, Bexiga e Barra Funda / Laranja da China
Antônio de Alcântara Machado
75. Eugênia Grandet
Honoré de Balzac
76. Contos Gauchescos
João Simões Lopes Neto
77. Esaú e Jacó
Machado de Assis
78. O Desespero Humano
Sören Kierkegaard
79. Dos Deveres
Cícero
80. Ciência e Política
Max Weber
81. Satíricon
Petrônio
82. Eu e Outras Poesias
Augusto dos Anjos
83. Farsa de Inês Pereira / Auto da Barca do Inferno / Auto da Alma
Gil Vicente
84. A Desobediência Civil e Outros Escritos
Henry David Toreau
85. Para Além do Bem e do Mal
Friedrich Nietzsche
86. A Ilha do Tesouro
R. Louis Stevenson
87. Marília de Dirceu
Tomás A. Gonzaga
88. As Aventuras de Pinóquio
Carlo Collodi
89. Segundo Tratado Sobre o Governo
John Locke
90. Amor de Salvação
Camilo Castelo Branco
91. Broquéis/Faróis/ Últimos Sonetos
Cruz e Souza
92. I-Juca-Pirama / Os Timbiras / Outros Poemas
Gonçalves Dias
93. Romeu e Julieta
William Shakespeare
94. A Capital Federal
Arthur Azevedo
95. Diário de um Sedutor
Sören Kierkegaard
96. Carta de Pero Vaz de Caminha a El-Rei Sobre o Achamento do Brasil
97. Casa de Pensão
Aluísio Azevedo
98. Macbeth
William Shakespeare

99. **Édipo Rei/Antígona**
Sófocles

100. **Lucíola**
José de Alencar

101. **As Aventuras de Sherlock Holmes**
Sir Arthur Conan Doyle

102. **Bom-Crioulo**
Adolfo Caminha

103. **Helena**
Machado de Assis

104. **Poemas Satíricos**
Gregório de Matos

105. **Escritos Políticos / A Arte da Guerra**
Maquiavel

106. **Ubirajara**
José de Alencar

107. **Diva**
José de Alencar

108. **Eurico, o Presbítero**
Alexandre Herculano

109. **Os Melhores Contos**
Lima Barreto

110. **A Luneta Mágica**
Joaquim Manuel de Macedo

111. **Fundamentação da Metafísica dos Costumes e Outros Escritos**
Immanuel Kant

112. **O Príncipe e o Mendigo**
Mark Twain

113. **O Domínio de Si Mesmo pela Auto-Sugestão Consciente**
Émile Coué

114. **O Mulato**
Aluísio Azevedo

115. **Sonetos**
Florbela Espanca

116. **Uma Estadia no Inferno / Poemas / Carta do Vidente**
Arthur Rimbaud

117. **Várias Histórias**
Machado de Assis

118. **Fédon**
Platão

119. **Poesias**
Olavo Bilac

120. **A Conduta para a Vida**
Ralph Waldo Emerson

121. **O Livro Vermelho**
Mao Tsé-Tung

122. **Oração aos Moços**
Rui Barbosa

123. **Otelo, o Mouro de Veneza**
William Shakespeare

124. **Ensaios**
Ralph Waldo Emerson

125. **De Profundis / Balada do Cárcere de Reading**
Oscar Wilde

126. **Crítica da Razão Prática**
Immanuel Kant

127. **A Arte de Amar**
Ovídio Naso

128. **O Tartufo ou O Impostor**
Molière

129. **Metamorfoses**
Ovídio Naso

130. **A Gaia Ciência**
Friedrich Nietzsche

131. **O Doente Imaginário**
Molière

132. **Uma Lágrima de Mulher**
Aluísio Azevedo

133. **O Último Adeus de Sherlock Holmes**
Sir Arthur Conan Doyle

134. **Canudos - Diário de uma Expedição**
Euclides da Cunha

135. **A Doutrina de Buda**
Siddharta Gautama

136. **Tao Te Ching**
Lao-Tsé

137. **Da Monarquia / Vida Nova**
Dante Alighieri

138. **A Brasileira de Prazins**
Camilo Castelo Branco

139. **O Velho da Horta/Quem Tem Farelos?/Auto da Índia**
Gil Vicente

140. **O Seminarista**
Bernardo Guimarães

141. **O Alienista / Casa Velha**
Machado de Assis

142. **Sonetos**
Manuel du Bocage

143. **O Mandarim**
Eça de Queirós

144. **Noite na Taverna / Macário**
Álvares de Azevedo

145. **Viagens na Minha Terra**
Almeida Garrett

146. **Sermões Escolhidos**
Padre Antonio Vieira

147. **Os Escravos**
Castro Alves

148. **O Demônio Familiar**
José de Alencar

149. **A Mandrágora / Belfagor, o Arquidiabo**
Maquiavel

150. **O Homem**
Aluísio Azevedo

151. **Arte Poética**
Aristóteles

152. **A Megera Domada**
William Shakespeare

153. **Alceste/Electra/Hipólito**
Eurípedes

154. **O Sermão da Montanha**
Huberto Rohden

155. **O Cabeleira**
Franklin Távora

156. **Rubáiyát**
Omar Khayyám

157. **Luzia-Homem**
Domingos Olímpio

158. **A Cidade e as Serras**
Eça de Queirós

159. **A Retirada da Laguna**
Visconde de Taunay

160. **A Viagem ao Centro da Terra**
Júlio Verne

161. **Caramuru**
Frei Santa Rita Durão

162. **Clara dos Anjos**
Lima Barreto

163. **Memorial de Aires**
Machado de Assis

164. **Bhagavad Gita**
Krishna

165. **O Profeta**
Khalil Gibran

166. **Aforismos**
Hipócrates

167. **Kama Sutra**
Vatsyayana

168. **O Livro da Jângal**
Rudyard Kipling

169. **De Alma para Alma**
Huberto Rohden

170. **Orações**
Cícero

171. **Sabedoria das Parábolas**
Huberto Rohden

172. **Salomé**
Oscar Wilde

173. **Do Cidadão**
Thomas Hobbes

174. **Porque Sofremos**
Huberto Rohden

175. **Einstein: o Enigma do Universo**
Huberto Rohden

176. **A Mensagem Viva do Cristo**
Huberto Rohden

177. **Mahatma Gandhi**
Huberto Rohden

178. **A Cidade do Sol**
Tommaso Campanella

179. **Setas para o Infinito**
Huberto Rohden

180. **A Voz do Silêncio**
Helena Blavatsky

181. **Frei Luís de Sousa**
Almeida Garrett

182. **Fábulas**
Esopo

183. **Cântico de Natal/ Os Carrilhões**
Charles Dickens

184. **Contos**
Eça de Queirós

185. **O Pai Goriot**
Honoré de Balzac

186. **Noites Brancas e Outras Histórias**
Dostoiévski

187. **Minha Formação**
Joaquim Nabuco

188. **Pragmatismo**
William James

189. **Discursos Forenses**
Enrico Ferri

190. **Medéia**
Eurípedes

191. **Discursos de Acusação**
Enrico Ferri

192. **A Ideologia Alemã**
Marx & Engels

193. **Prometeu Acorrentado**
Ésquilo

194. **Iaiá Garcia**
Machado de Assis

195. **Discursos no Instituto dos Advogados Brasileiros / Discurso no Colégio Anchieta**
Rui Barbosa

196. **Édipo em Colono**
Sófocles

197. **A Arte de Curar pelo Espírito**
Joel S. Goldsmith

198. **Jesus, o Filho do Homem**
Khalil Gibran

199. **Discurso sobre a Origem e os Fundamentos da Desigualdade entre os Homens**
Jean-Jacques Rousseau

200. **Fábulas**
La Fontaine

201. **O Sonho de uma Noite de Verão**
William Shakespeare

202. **Maquiavel, o Poder**
José Nivaldo Junior

203. **Ressurreição**
Machado de Assis

204. **O Caminho da Felicidade**
Huberto Rohden

205. **A Velhice do Padre Eterno**
Guerra Junqueiro

206. **O Sertanejo**
José de Alencar

207. **Gitanjali**
Rabindranath Tagore

208. **Senso Comum**
Thomas Paine

209. **Canaã**
Graça Aranha

210. **O Caminho Infinito**
Joel S. Goldsmith

211. **Pensamentos**
Epicuro

212. **A Letra Escarlate**
Nathaniel Hawthorne

213. **Autobiografia**
Benjamin Franklin

214. **Memórias de Sherlock Holmes**
Sir Arthur Conan Doyle

215. **O Dever do Advogado / Posse de Direitos Pessoais**
Rui Barbosa

216. **O Tronco do Ipê**
José de Alencar

217. **O Amante de Lady Chatterley**
D. H. Lawrence

218. **Contos Amazônicos**
Inglês de Souza

219. **A Tempestade**
William Shakespeare

220. **Ondas**
Euclides da Cunha

221. **Educação do Homem Integral**
Huberto Rohden

222. **Novos Rumos para a Educação**
Huberto Rohden

223. **Mulherzinhas**
Louise May Alcott

224. **A Mão e a Luva**
Machado de Assis

225. **A Morte de Ivan Ilicht / Senhores e Servos**
Leon Tolstói

226. **Álcoois e Outros Poemas**
Apollinaire

227. **Pais e Filhos**
Ivan Turguêniev

228. **Alice no País das Maravilhas**
Lewis Carroll

229. **À Margem da História**
Euclides da Cunha

230. **Viagem ao Brasil**
Hans Staden

231. **O Quinto Evangelho**
Tomé

232. **Lorde Jim**
Joseph Conrad

233. **Cartas Chilenas**
Tomás Antônio Gonzaga

234. **Odes Modernas**
Anntero de Quental

235. **Do Cativeiro Babilônico da Igreja**
Martinho Lutero

236. **O Coração das Trevas**
Joseph Conrad

237. **Thais**
Anatole France

238. **Andrômaca / Fedra**
Racine

239. **As Catilinárias**
Cícero

240. **Recordações da Casa dos Mortos**
Dostoiévski

241. **O Mercador de Veneza**
William Shakespeare

242. **A Filha do Capitão / A Dama de Espadas**
Aleksandr Púchkin

243. **Orgulho e Preconceito**
Jane Austen

244. **A Volta do Parafuso**
Henry James

245. **O Gaúcho**
José de Alencar

246. **Tristão e Isolda**
Lenda Medieval Celta de Amor

247. **Poemas Completos de Alberto Caeiro**
Fernando Pessoa

248. **Maiakósvski**
Vida e Poesia

249. **Sonetos**
William Shakespeare

250. **Poesia de Ricardo Reis**
Fernando Pessoa

251. **Papéis Avulsos**
Machado de Assis

252. **Contos Fluminenses**
Machado de Assis

253. **O Bobo**
Alexandre Herculano

254. **A Oração da Coroa**
Demóstenes

255. **O Castelo**
Franz Kafka

256. **O Trovejar do Silêncio**
Joel S. Goldsmith

257. **Alice na Casa dos Espelhos**
Lewis Carrol

258. **Miséria da Filosofia**
Karl Marx

259. **Júlio César**
William Shakespeare

260. **Antônio e Cleópatra**
William Shakespeare

261. **Filosofia da Arte**
Huberto Rohden

262. **A Alma Encantadora das Ruas**
João do Rio

263. **A Normalista**
Adolfo Caminha

264. **Pollyanna**
Eleanor H. Porter

265. **As Pupilas do Senhor Reitor**
Júlio Diniz

266. **As Primaveras**
Casimiro de Abreu

267. **Fundamentos do Direito**
Léon Duguit

268. **Discursos de Metafísica**
G. W. Leibniz

269. **Sociologia e Filosofia**
Émile Durkheim

270. **Cancioneiro**
Fernando Pessoa

271. **A Dama das Camélias**
Alexandre Dumas (filho)

272. **O Divórcio / As Bases da Fé / e outros textos**
Rui Barbosa

273. **Pollyanna Moça**
Eleanor H. Porter

274. **O 18 Brumário de Luís Bonaparte**
Karl Marx

275. **Teatro de Machado de Assis**
Antologia

276. **Cartas Persas**
Montesquieu

277. **Em Comunhão com Deus**
Huberto Rohden

278. **Razão e Sensibilidade**
Jane Austen

279. **Crônicas Selecionadas**
Machado de Assis

280. **Histórias da Meia-Noite**
Machado de Assis

281. **Cyrano de Bergerac**
Edmond Rostand

282. **O Maravilhoso Mágico de Oz**
L. Frank Baum

283. **Trocando Olhares**
Florbela Espanca

284. **O Pensamento Filosófico da Antiguidade**
Huberto Rohden

285. **Filosofia Contemporânea**
Huberto Rohden

286. **O Espírito da Filosofia Oriental**
Huberto Rohden

287. **A Pele do Lobo / O Badejo / o Dote**
Artur Azevedo

288. **Os Bruzundangas**
Lima Barreto

289. **A Pata da Gazela**
José de Alencar

290. **O Vale do Terror**
Sir Arthur Conan Doyle

291. **O Signo dos Quatro**
Sir Arthur Conan Doyle

292. **As Máscaras do Destino**
Florbela Espanca

293. **A Confissão de Lúcio**
Mário de Sá-Carneiro

294. **Falenas**
Machado de Assis

295. **O Uraguai / A Declamação Trágica**
Basílio da Gama

296. **Crisálidas**
Machado de Assis

297. **Americanas**
Machado de Assis

298. **A Carteira de Meu Tio**
Joaquim Manuel de Macedo

299. **Catecismo da Filosofia**
Huberto Rohden

301. **Rumo à Consciência Cósmica**
Huberto Rohden

302. Cosmoterapia
Huberto Rohden

303. Bodas de Sangue
Federico García Lorca

304. Discurso da Servidão Voluntária
Étienne de la Boétie

305. Categorias
Aristóteles

306. Manon Lescaut
Abade Prévost

307. Teogonia / Trabalhos e Dias
Hesíodo

308. As Vítimas Algozes
Joaquim Manuel de Macedo

309. Persuasão
Jane Austen

Série Ouro
(Livros com mais de 400 p.)

1. Leviatã
Thomas Hobbes

2. A Cidade Antiga
Fustel de Coulanges

3. Crítica da Razão Pura
Immanuel Kant

4. Confissões
Santo Agostinho

5. Os Sertões
Euclides da Cunha

6. Dicionário Filosófico
Voltaire

7. A Divina Comédia
Dante Alighieri

8. Ética Demonstrada à Maneira dos Geômetras
Baruch de Spinoza

9. Do Espírito das Leis
Montesquieu

10. O Primo Basílio
Eça de Queirós

11. O Crime do Padre Amaro
Eça de Queirós

12. Crime e Castigo
Dostoiévski

13. Fausto
Goethe

14. O Suicídio
Émile Durkheim

15. Odisséia
Homero

16. Paraíso Perdido
John Milton

17. Drácula
Bram Stocker

18. Ilíada
Homero

19. As Aventuras de Huckleberry Finn
Mark Twain

20. Paulo – O 13º Apóstolo
Ernest Renan

21. Eneida
Virgílio

22. Pensamentos
Blaise Pascal

23. A Origem das Espécies
Charles Darwin

24. Vida de Jesus
Ernest Renan

25. Moby Dick
Herman Melville

26. Os Irmãos Karamazovi
Dostoiévski

27. O Morro dos Ventos Uivantes
Emily Brontë

28. Vinte Mil Léguas Submarinas
Júlio Verne

29. Madame Bovary
Gustave Flaubert

30. O Vermelho e o Negro
Stendhal

31. Os Trabalhadores do Mar
Victor Hugo

32. A Vida dos Doze Césares
Suetônio

34. O Idiota
Dostoiévski

35. Paulo de Tarso
Huberto Rohden

36. O Peregrino
John Bunyan

37. As Profecias
Nostradamus

38. Novo Testamento
Huberto Rohden

39. O Corcunda de Notre Dame
Victor Hugo

40. Arte de Furtar
Anônimo do século XVII

41. Germinal
Émile Zola

42. Folhas de Relva
Walt Whitman

43. Ben-Hur — Uma História dos Tempos de Cristo
Lew Wallace

44. Os Maias
Eça de Queirós

45. O Livro da Mitologia
Thomas Bulfinch

46. Os Três Mosqueteiros
Alexandre Dumas

47. Poesia de Álvaro de Campos
Fernando Pessoa

48. Jesus Nazareno
Huberto Rohden

49. Grandes Esperanças
Charles Dickens

50. A Educação Sentimental
Gustave Flaubert

51. O Conde de Monte Cristo (Volume I)
Alexandre Dumas

52. O Conde de Monte Cristo (Volume II)
Alexandre Dumas

53. Os Miseráveis (Volume I)
Victor Hugo

54. Os Miseráveis (Volume II)
Victor Hugo

55. Dom Quixote de La Mancha (Volume I)
Miguel de Cervantes

56. Dom Quixote de La Mancha (Volume II)
Miguel de Cervantes

58. Contos Escolhidos
Artur Azevedo

59. As Aventuras de Robin Hood
Howard Pyle